Claves de la economía
mundial y española

ANTONIO PULIDO SAN ROMÁN

CATEDRÁTICO DE ECONOMÍA APLICADA
DE LA UNIVERSIDAD AUTÓNOMA DE MADRID

Claves de la economía mundial y española

EDICIONES PIRÁMIDE

COLECCIÓN "ECONOMÍA XXI"

DIRECTOR DE LA COLECCIÓN:

Antonio Pulido
Catedrático de Economía Aplicada

Diseño de cubierta: Mirambo

Juan Ignacio Luca de Tena, 15. 28027 Madrid
Depósito legal: M. 16.267-1997
ISBN: 84-368-1108-9
Printed in Spain
Impreso en Lavel, S. A.
Polígono Industrial Los Llanos, Gran Canaria, 12
Humanes de Madrid (Madrid)

Índice

Introducción

La colección Economía XXI que se inicia con este libro tiene, por título y por espíritu, la mirada puesta en el futuro. Pero todos deberíamos entender que no hay futuro sin pasado, porque no sólo se aprende de los errores y aciertos de la experiencia, sino que también están atrás muchas de las claves de lo que puede suceder. Examinando con cautela y criterio los pasos que hemos dado, es posible encontrar las *huellas de futuro*.

Ya lo decía Confucio, con toda la sabiduría que se le atribuye: «Estudia el pasado si quieres pronosticar el futuro». Y muchos siglos más tarde nos lo recordaba Miguel de Cervantes en el Quijote: «La verdad, cuya madre es la historia, émula del tiempo, depósito de las acciones, testigo de lo pasado, ejemplo y aviso del presente, advertencia de lo porvenir». O, en nuestros días y de forma poética, el inglés Thomas Eliot: «El tiempo presente y el tiempo pasado / están tal vez presentes en el tiempo futuro / y el futuro contenido en el tiempo pasado».

Empezaremos por dar una rápida vuelta al mundo, a vista de pájaro, para aterrizar en Bruselas y recorrer con más detalle los países de la Unión Europea. Porque la España de estos últimos años, la actual y la futura, sólo puede entenderse en conexión con las potencialidades y limitaciones que la aventura europea supone para nuestro país.

Continuaremos con una visión de conjunto de la economía española, sus grandes cifras, sus cambios de ritmos en los últimos años, los motores de su crecimiento, la realidad regional y empresarial, como condicionantes claves de futuro.

En conjunto he tratado de seguir una forma de exposición que haga su lectura fácil y, en lo posible, amena. No es una obra docta para especialistas, aunque contenga mucha información y algunas ideas; es, más bien, una reflexión para los amigos, de alguien que viene siguiendo con atención la marcha de la economía mundial, europea y española, siempre preocupado por detectar los problemas, oportunidades, debilidades y fortalezas que se vislumbran hacia el futuro.

Mi agradecimiento a mis colaboradores más inmediatos en la elaboración de este libro. A Ana López y Francisca Rivero, que han aportado datos, ideas y comentarios. A José Antonio Sebastián por su profesionalidad y criterio a la hora de procesar el texto inicial y diseñar cuadros y gráficos. A Ediciones Pirámide por la oportunidad de publicar este libro en esta colección pensada para los albores del nuevo siglo.

ANTONIO PULIDO

1 La aldea global

La nave espacial Tierra

No puede entenderse la evolución de la economía española durante estos últimos años ni detectar las claves de su evolución futura sin tener una visión amplia de la situación actual y de lo que ha sucedido, para bien y para mal, en la economía del mundo, con todos sus condicionantes sociopolíticos.

La España de los dos últimos decenios y su potencialidad a futuro son la consecuencia de nuestros propios aciertos y errores, pero también de las guerras del Yom Kippur de 1973 y del Golfo en 1990; de la crisis bursátil de 1987 y de la del Sistema Monetario Europeo de 1992; de la reunificación alemana de 1989 y de la disolución de la antigua URSS en 1992...

Disponer de una visión globalizadora siempre ha sido necesario para entender la historia de cualquier país, pero aún es más imprescindible para interpretar la evolución más reciente, simplemente por el hecho de que el mundo está día a día más interconectado.

Refiriéndonos ya, en particular, a los temas económicos, la realidad es que cada día que pasa observamos una mayor proporción de productos diseñados, en principio, para todo el mundo, fabricados en instalaciones repartidas por todo el globo, con proveedores que pueden situarse en los más diferentes países, en competencia directa con empresas de cualquier parte del mundo y en un entorno socio-político y económico cada vez más global.

Evidentemente, siempre han existido mercados, fábricas y competencia a escala mundial. Pero las últimas décadas han acentuado tanto este aspecto como para que ahora deban enfocarse las relaciones internacionales de una forma distinta. Un mundo más interrelacionado ha homogeneizado gustos, productos y mercados, ha internacionalizado proveedores y fuentes de financiación, ha permitido la concentración y alianzas de empresas para aprovechar economías de escala y la innovación acelerada, con ciclos de vida de los productos cada vez más cortos y que exigen un lanzamiento simultáneo en distintos mercados. Adicionalmente, se han intensificado los movimientos de integración económica supranacional y se han ido imponiendo, al menos por el momento, ideas de liberalización del comercio y desregulación de mercados.

Son muchos los *motores* que han ido tirando hacia una mayor globalización de la economía. En la tabla 1.1 usted encontrará hasta 28 causas distintas que ha identificado un experto en la materia.

El tema nos afecta a todos; a gobiernos, empresas y consumidores. Hace un par de años avisaba de la necesidad de pensar, cada día más, a escala mundial, incluso aunque después uno actúe a nivel local[1]: Ya nos lo decían nuestros mayores: «el mundo es un pañuelo». Claro que se referían generalmente a que en un viaje a Cuenca se habían encontrado con un vecino del barrio. Ahora el pañuelo resulta aun más pequeño y nos encontramos a familiares, amigos o socios en Bruselas, Bangkok o Quito. En este mundo interconectado, en esta *aldea global* ya no es fácil ser empresario y *de pueblo*. No parece conciliable la figura dinámica, innovadora, amante del riesgo, del hombre de empresa, con que se piense en términos exclusivos de producción con medios locales para mercados locales. Hoy, el libro que tenemos en la mano puede estar impreso en Singapur, con papel hecho en Corea por una empresa colombiana que tiene el *copyright* para todo el mundo de habla hispana de un libro original publicado en Estados Unidos. Hoy, el yogur que compramos en un híper de capital francés puede estar hecho con una licencia holandesa, empacado en Italia y distribuido por una comercializadora española.

Como consumidores, la situación nos es cada vez más favorable. Mayor variedad de productos, más competencia entre ellos, más lucha por la calidad y menores precios. Como trabajadores, esto de la *aldea global* nos va complicando la vida. Hay que saber idiomas; estar dispuesto a viajar por todo el mundo, y no precisamente de turismo; olvidarse de ese ideal romántico (y de calidad de vida) de estudiar y trabajar toda nuestra vida en la ciudad en que nacimos o lo más cerca posible y con el menor número de traslados de residencia. Pero la mayor complicación está para quien se mete a empresario. Hay que estar no ya despierto, sino en vigilia permanente. Se están acabando

---

[1] «Estrategia empresarial global», *Negocios,* 29-1-94.

TABLA 1.1

Motores generales de globalización

Motores de mercado

- Igualación del ingreso per cápita entre naciones industrializadas (por ejemplo, Japón alcanza a Estados Unidos, Hong Kong alcanza a Nueva Zelanda).
- Igualación de estilos de vida y gustos (por ejemplo, McDonald's en París y Perrier en Estados Unidos).
- Aumento del número de viajes, que crea consumidores globales.
- Organizaciones que empiezan a comportarse como clientes globales.
- Crecimiento de canales de comercialización globales y regionales (por ejemplo, el acuerdo de 1989 entre tres de las mayores cadenas europeas de supermercados para cooperar en compras y marketing, a saber, Casino de Francia, Ahold de Holanda y el Grupo Argyl de Inglaterra).
- Establecimiento de marcas mundiales (por ejemplo, Coca-Cola, Levi's, Louis Vuitton).
- Movimiento para desarrollar publicidad global (por ejemplo, comerciales de Saatchi & Saatchi para la British Airways).

Motores de costo

- Continuo esfuerzo por lograr economías de escala (contrarrestado, sin embargo, por manufactura flexible).
- Innovación tecnológica acelerada.
- Avances en el transporte (por ejemplo, uso de Federal Express para llevar suministros urgentes de un continente a otro).
- Surgimiento de países recién industrializados con capacidad productiva y bajos costos de mano de obra (por ejemplo, Taiwan, Tailandia y China).
- Costo creciente de desarrollo del producto con relación a su vida en el mercado.

Motores gubernamentales

- Reducción de barreras arancelarias (por ejemplo, Acuerdo de Libre Comercio Canadá-Estados Unidos-México).
- Reducción de barreras no arancelarias (por ejemplo, apertura gradual de los mercados japoneses).
- Creación de bloques comerciales (por ejemplo, Unión Europea).

- Decadencia del papel de los gobiernos como productores y clientes (por ejemplo, desnacionalización de muchas industrias en Europa).
- Privatización de economías antes dominadas por el Estado, sobre todo en la América Latina.
- Transformación de los sistemas cerrados comunistas de Europa Oriental en economías abiertas de mercado.

Motores competitivos

- Aumento continuo del volumen del comercio mundial.
- Conversión de más países en campos de batalla competitivos claves (por ejemplo, el surgimiento de Japón a la posición de país «líder»).
- Aumento de propiedad de las corporaciones por extranjeros que las adquieren.
- Aparición de nuevos competidores resueltos a convertirse en globales (por ejemplo, compañías japonesas en las industrias del automóvil y electrónica).
- Crecimiento de redes globales que hacen interdependientes a los países en industrias particulares (como la electrónica).
- Más compañías que se globalizan en vez de permanecer nacionalmente centradas (por ejemplo, Stanley Works, compañía tradicional de los Estados Unidos que traslada su producción fuera del país; Uniden, productora japonesa de equipos de telecomunicaciones, que jamás ha fabricado nada en el Japón).
- Aumento en la formación de alianzas estratégicas globales.

Otros motores

- La revolución de la informática y las comunicaciones (por ejemplo, ordenadores personales y máquinas de transmisión facsimilar).
- Globalización de los mercados financieros (por ejemplo, corporaciones inscritas en múltiples bolsas de valores, colapso del mercado global el Lunes Negro en 1987).
- Mayor facilidad para los viajes comerciales (por ejemplo, el Concorde y la aparición de cadenas hoteleras internacionales).

Fuente: G. S. Yip, *Estrategia global total,* Parramón, 1993.

los negocios propios, los mercados cautivos o los productos locales. Mañana lo que estamos fabricando en 100 puede traerlo un competidor, de no se sabe dónde, a 10. Tenemos que decidir *qué* fabricar, *dónde* hacerlo, *con qué proveedores, para qué mercados,* y todo esto a escala mundial. Si no, otros lo harán por nosotros en otros rincones de este planeta.

Lo siento mucho por usted, empresario amigo, pero sea su empresa una gran multinacional o una *pyme* no tiene más remedio que pensar en términos de *estrategia global.* Lo más que le permito es que delimite el globo según sus circunstancias. Puede que en su caso baste con plantearse el mercado europeo. A lo mejor tiene la suerte de tener, por ahora, sus clientes en una zona geográfica muy reducida. Pero cuidado, no le vayan a pinchar *su* globo. No estaría de más que todas las mañanas se preguntase si sigue siendo competitivo, en los más diferentes aspectos, a escala global. Incluso si el *espejo mágico* le responde que sigue siendo el mejor, no olvide que los demás también se lo están cuestionando, incluso en lugares muy lejanos, y van a actuar en consecuencia. Tenga en cuenta que la estrategia global incluye también fusiones, adquisiciones y alianzas, para hoy y para mañana. ¿Está usted ya preparado para el juego?

El quién es quién de la economía mundial: los líderes en población

A la hora de valorar el peso de cada país en la economía mundial existen muy diversas alternativas. Si nos fijamos en la población, como indicador de las necesidades potenciales de sus habitantes, el *ranking* mundial estaría encabezado, de lejos, por China y la India, que concentran más de 2.000 millones de personas de los 5.700 millones de habitantes que, aproximadamente, tenía el mundo a finales de 1995.

En un período de veinte años, los diez mayores países en términos demográficos pueden aumentar su población en más de 1.000 millones de personas, unos 66 millones por año. La India, en particular, aumenta su población en unos 20 millones por año, 50.000 nuevos habitantes al día, uno cada dos segundos. Y China no le sigue muy a la zaga.

La población mundial se acerca rápidamente a los 6.000 millones de personas, con una tasa de crecimiento que supondría duplicar la

TABLA 1.2

Ordenación de los países por su población (los 10 países más poblados) (cifras en millones de personas)				
		Población en 1995	**Crecimiento medio anual (% 1980-1992)**	**Población adicional en los próximos 20 años**
1.º	China	1.222	1,4	304
2.º	India	936	2,1	456
3.º	EE.UU.	263	1,0	68
4.º	Indonesia	198	1,8	78
5.º	Brasil	162	2,0	68
6.º	Rusia	147	0,6	–9
7.º	Pakistán	140	3,1	144
8.º	Japón	125	0,5	–3
9.º	Bangladesh	120	2,3	76
10.º	Nigeria	112	3,0	126
Total 10 grandes		3.425	1,7	1.308
Total mundial		5.716	1,7	2.578

Fuente: *Estado de la Población Mundial 1995*. Fondo de Población de Naciones Unidas.

población en sólo 50 ó 60 años, si se siguen las tendencias presentes. En los países desarrollados viven actualmente unos 1.200 millones de personas, de los que cerca de un tercio son ciudadanos de la Unión Europea y 39 millones residen en España.

Según los estudios demográficos de Naciones Unidas, de aquí al 2025 el mundo puede crecer a un ritmo de más de 100 millones nuevos de habitantes por año, de los que sólo 5 ó 6 millones provendrán de un aumento en la población de los países desarrollados y 2 millones por año pueden ser nuevos ciudadanos de la Unión Europea, aparte del efecto de ampliación a nuevos países. Para España, incluso se estima un crecimiento demográfico 1995-2000 por debajo de la media de los países desarrollados (1 por mil habitantes en España y 3 por mil para el conjunto de la OCDE). En resumen no llega a los 50.000 nuevos habitantes por año.

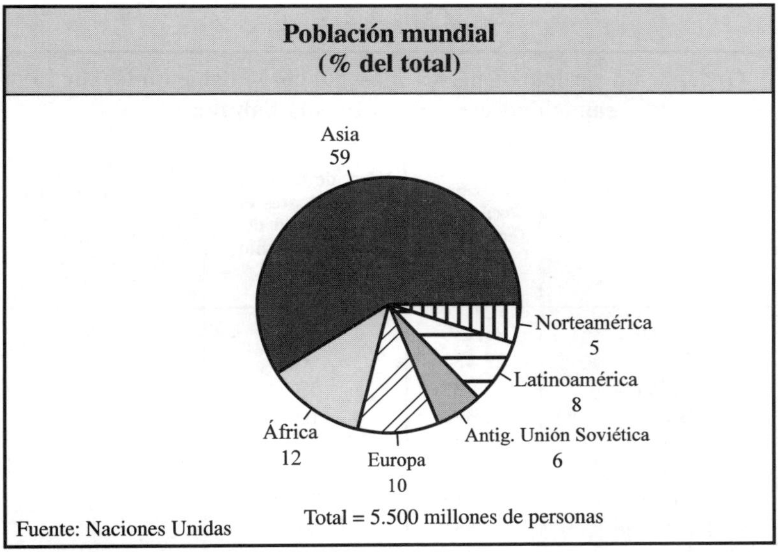

Figura 1.1

Pero el peso económico de los diferentes países tiene, evidentemente, que filtrarse por la capacidad adquisitiva y de producción de bienes y servicios de sus habitantes. Los cerca de 25.000 dólares por persona y año de Estados Unidos, son unas 100 veces la renta per cápita de un ciudadano de la India y más de 50 veces la de un habitante de China. Si transformásemos la población de los 10 países más poblados del mundo en su equivalente en términos de capacidad de compra de habitantes como los residentes en Estados Unidos, la ordenación de su importancia es bien diferente. China, por ejemplo, con una población de casi cinco veces la de Estados Unidos, apenas equivaldría, según estas cuentas, a una décima parte de la economía estadounidense.

Revisando el poder de compra

Sin embargo, la comparación entre la economía de unos países y la de otros está abierta a muchos errores de medida e interpretación. Para empezar, exige reconvertir los datos de PIB o renta en una unidad común, habitualmente en dólares. Eso significa que las fluctuaciones

TABLA 1.3

Ordenación de los 10 países más poblados del mundo por la capacidad económica de sus habitantes

		PIB per cápita (en dólares de 1992)	Núm. de habitantes equivalentes en capacidad de compra a uno de EE.UU.	Población equivalente con igual capacidad de compra que la de los ciudadanos de EE.UU.
1.º	EE.UU.	23.180	1	263
2.º	Japón	29.486	0,8	158
3.º	China	435	53	23
4.º	Brasil	2.342	10	16
5.º	India	243	95	10
6.º	Indonesia	686	34	6
7.º	Rusia	816	28	5
8.º	Pakistán	351	66	2
9.º	Nigeria	291	80	1
10.º	Bangladesh	208	111	1

Fuente: Elaboración propia a partir de los datos de Naciones Unidas.

en los tipos de cambio afectan decisivamente en estas comparaciones de peso relativo. Si mañana el rublo se deprecia un 10 por 100 respecto al dólar, automáticamente la renta de Rusia, expresada en dólares, cae en esta misma proporción.

Pero, por otra parte, no tiene la misma capacidad de compra un dólar en Estados Unidos que un dólar (o su equivalente en moneda local) en Rusia, China o la India.

Los economistas han tratado de establecer una comparación más objetiva de los precios relativos entre monedas a través del *poder de compra* de las mismas. Si un litro de gasolina cuesta un dólar en Estados Unidos y un yuan en China, un tipo de cambio de mercado de nueve yuan por dólar resulta excesivo en términos, exclusivamente, de la capacidad de compra de gasolina de las monedas respectivas.

Desde 1986, la revista *The Economist* viene utilizando una forma rápida, intuitiva y necesariamente imperfecta de determinar si diferentes monedas tienen un cambio correcto. Se trata de ver el precio de una hamburguesa-tipo (concretamente la Big Mac) en diferentes países y calcular a cuánto tendría que estar el dólar para que, en todos los países considerados, el precio en una moneda única (en este caso el dólar) fuese exactamente el mismo.

Así, en la tabla 1.4 puede verse que, a mediados de 1995, para

TABLA 1.4

El patrón Hamburguesa

Precios Big Mac Países	Precios* en moneda nacional	PPC** del dólar	Tipo de cambio actual (7-4-95)	Porcentaje en que el dólar está infravalorado (–) o sobrevalorado (+)
Alemania	DM 4,80	2,07	1,38	+50
Argentina	Peso 3,00	1,29	1,00	+29
Australia	$A 2,45	1,06	1,35	–22
Austria	SCH 39,0	16,80	9,72	+73
Bélgica	BFr 109	47,00	28,40	+66
Brasil	Real 2,42	1,04	0,90	+16
Canadá	$CAN 2,77	1,19	1,39	–14
China	Yuan 9,00	3,88	8,54	–55
Corea del Sur	Won 2.300	991	769	+29
Dinamarca	DKr 26,75	11,50	5,43	+112
España	PTA 355	153	124	+23
EE.UU.++	$ 2,32	—	—	—
Francia	FF 18,5	7,97	4,80	+66
Holanda	FL 5,45	2,35	1,55	+52
Hong Kong	$HK 9,50	4,09	7,73	–47
Hungría	FOR 191	82,30	121	–32
Italia	LIT 4.500	1.940	1.702	+14
Japón	¥ 391	169	84,20	+100
Reino Unido	£ 1,74	0,75	0,62	+21
Rusia	RBL 8.100	3.491	4.985+	–30
Singapur	$S 2,95	1,27	1,40	–9
Suecia	KRS 26,0	11,20	7,34	+53
Suiza	FS 5,90	2,54	1,13	+124

Fuente: *The Economist,* 15-4-95.

* Los precios (McDonald's) pueden variar a nivel nacional.

** Paridad del poder de compra, precio nacional dividido por el precio en Estados Unidos.

+ Cambio de mercado.

++ Nueva York, Chicago, San Francisco y Atlanta.

igualar el precio en pesetas de una hamburguesa con el precio en Estados Unidos en dólares, el cambio debería estar a menos de 4 yuan por dólar, es decir a menos de la mitad de lo que marcan los tipos de cambio del mercado.

La idea, naturalmente, puede generalizarse para una cesta de mercancías y calcular así el tipo de cambio que garantiza la Paridad del Poder de Compra (PPC) de dos monedas.

Las rectificaciones que introduce el hecho de trabajar con tipos de cambio corregidos por la paridad del poder de compra son, a veces, tan importantes como para dar una nueva perspectiva de la economía mundial. Ya hemos visto que China, por ejemplo, con sus más de 1.000 millones de habitantes y su reducida renta de poco más de 400 dólares por persona y año, parece tener un peso económico equivalente a un décimo de Estados Unidos o un séptimo de Japón. Sin embargo, como sugiere un reciente estudio (Nicholas Lardy, *China in the World Economy,* Institute for International Economics, Washington, 1994), los 400 dólares por persona en China tienen una capacidad de compra claramente superior a los 1.000 dólares en Estados Unidos que, incluso, podía acercarse a los 2.000 ó 3.000 dólares según algunos cálculos. En estos términos, el peso económico de China se aproxima ya al correspondiente a Japón.

Peso y crecimiento

Utilizando ya tipos de cambio corregidos por la paridad de compra, parece que el reparto de pesos por grandes zonas podría resumirse de la siguiente forma:

- Los países industrializados suponen aproximadamente la mitad de la economía mundial.
- Estados Unidos y la Unión Europea vienen a repartirse, casi por igual, el 40 por 100 del poder de compra de los habitantes de este planeta.
- Asia, incluido Japón, concentra más de una cuarta parte de esa capacidad de compra.
- Los 50 países africanos apenas representan un 4 por 100 y los 34 países de Latinoamérica y el Caribe no superan el 8 por 100 de la capacidad adquisitiva mundial.

Durante estos últimos veinte años, sin embargo, ha ido cambiando la importancia relativa de los países, ya que los ritmos de crecimiento económico no han sido, ni mucho menos, homogéneos.

Poder de compra mundial
(% del total)

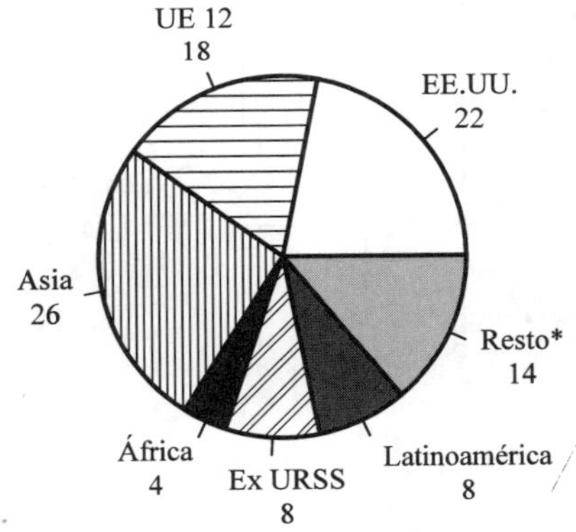

Fuente: FMI, cifras referidas a 1990.
*Resto: Otros países europeos no UE-12 y Oriente Medio.

Figura 1.2

La media mundial de crecimiento del PIB real (es decir, descontado el efecto de los precios) ha sido del orden del 3 por 100 anual durante estos veinte años. En conjunto, los países desarrollados han crecido por debajo de la media, con lo que han ido perdiendo peso específico en la economía mundial. En particular, los países de la Unión Europea han crecido aproximadamente un punto de porcentaje por debajo de ésta.

Claramente, los grandes beneficiados han sido los países asiáticos, cuyas economías han crecido a un ritmo de más del doble de la media. Algunos de los hoy denominados *mercados emergentes* están alcanzando ritmos anuales cercanos al 10 por 100 en el momento actual, como es el caso de China, Corea del Sur, Singapur o Tailandia.

Los grandes perdedores de estas dos décadas han sido los países *en transición* de la Europa Central y del Este, la mayoría de los países africanos y, durante gran parte del período, Latinoamérica. La

El mapa del mundo corregido por la importancia económica de los países

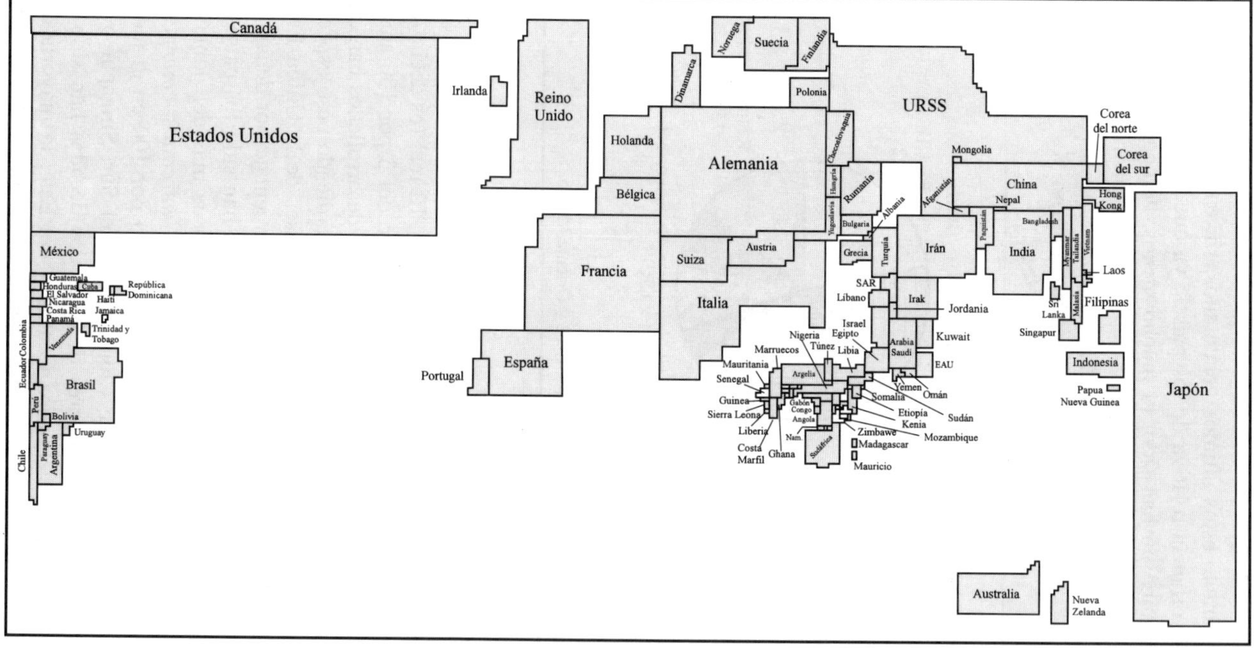

Figura 1.3

excepción, durante los últimos años, está en algunos países latinoamericanos que han mantenido un fuerte crecimiento sostenido. Por ejemplo, Chile estaba creciendo a finales de 1995 a ritmos *asiáticos* superiores al 8 por 100, y a finales de 1996 se situaba alrededor del 6 por 100 junto con Argentina, Brasil y México.

TABLA 1.5

Peso relativo y ritmo de crecimiento medio, durante los últimos 20 años, de los países más desarrollados («países industriales»)

	Núm. de países	Tasa media de crecimiento anual del PIB real	Participación en el PIB (%)	
			Mundial	Países industriales
Total países industriales	23	2,5	54	100
EE.UU.	1	2,5	22	41
UE-12	12	2,1	18	34
Japón	1	3,8	8	14
EE.UU. + UE-12 + Japón	14	2,5	48	89
Resto países	9	2,2	6	11

Fuente: Fondo Monetario Internacional, *Perspectivas de la economía mundial* (informe anual) y elaboración propia. Las tasas están calculadas para el período 1975-1993, y los pesos, referidos a 1990 y corregidos por la paridad del poder de compra (PPC) de cada país, al expresar el PIB en una moneda común.

TABLA 1.6

Peso relativo y ritmo de crecimiento de los países menos desarrollados («países en desarrollo» y «países en transición»)

	Núm. de países	Tasa media de crecimiento anual del PIB real	Participación en el PIB (%)	
			Mundial	Países industriales
Total países desarrollo	130	4,7	35	100
África	50	2,3	4	12
América	34	2,9	8	24
Asia	28	6,7	18	51
Oriente Medio/Europa	18	3,6	5	13
Total países transición	28	1,1	11	—
Europa Central	12	0,8	3	—
Antigua URSS*	16	1,3	8	—

* Incluida Mongolia.

Fuente: Fondo Monetario Internacional, *Perspectivas de la economía mundial* (informe anual) y elaboración propia. Las tasas están calculadas para el período 1975-1993, y los pesos, referidos a 1990 y corregidos por la paridad del poder de compra (PPC) de cada país, al expresar el PIB en una moneda común.

No sólo de pan vive el hombre

Naturalmente, sería imperdonable olvidar otros muchos aspectos del bienestar material que no están recogidos en el PIB o su crecimiento, incluso aunque se corrijan las cifras por la paridad de compra.

Como una primera aproximación, Naciones Unidas elabora, desde 1990, un Índice de Desarrollo Humano (IDH), que parte de que el desarrollo integral para cualquier persona en cualquier país y sea cual fuere el nivel económico alcanzado depende de las oportunidades para disfrutar una *vida prolongada y saludable,* para *adquirir conocimientos* y para tener acceso a los *recursos necesarios* para lograr un nivel de vida decente: «Si no se poseen estas oportunidades esenciales, muchas otras alternativas continúan siendo inaccesibles».

TABLA 1.7

El IDH en algunos países significativos

		Esperanza de vida al nacer (núm. de años)	Alfabetización de adultos (%)	Tasa de matriculación combinada (%)	PIB real «per cápita» (en $)	IDH
2	EE.UU.	76,0	99,0	95	23.760	0,937
3	Japón	79,5	99,0	77	20.520	0,937
9	España	77,6	98,0	86	13.400	0,930
15	Alemania	76,0	99,0	81	21.120	0,921
52	Rusia	67,6	98,7	69	6.140	0,849
63	Brasil	66,3	81,9	70	5.240	0,804
111	China	68,5	79,3	55	1.950	0,594
134	India	60,4	49,9	55	1.230	0,439
141	Nigeria	50,4	52,5	51	1.560	0,406
174	Níger	46,5	12,4	14	820	0,207

Los datos de esperanza de vida, alfabetización, tasa de matriculación combinada primaria, secundaria y terciaria y PIB están referidos a 1992. El IDH se obtiene como media de las desviaciones entre cada indicador y el mínimo observado en algún país, divididas por el recorrido (máximo-mínimo). Es decir, para el país *j:*

$$IDH_j = \text{Media}\ \frac{X_j - \text{Mínimo}\ X}{\text{Máximo}\ X - \text{Mínimo}\ X}$$

siendo las tres *X* consideradas: la esperanza de vida al nacer, un promedio de alfabetización y tasa de matriculación (ponderados por 2/3 y 1/3 respectivamente) y una transformación de la renta que da crecimientos exponencialmente decrecientes, para recoger el hecho de que incrementos adicionales de poder de compra son tanto menos importantes cuanto más elevado es el nivel alcanzado. Realmente la suma obtenida se divide por el número de indicadores considerados para obtener un valor medio.

Fuente: Naciones Unidas, *Informe Desarrollo Humano,* 1995.

XXI

2 Períodos de prosperidad y períodos de crisis

Una visión de conjunto

Cualquier observador mínimamente atento a las cuestiones económicas ha podido comprobar que, en todos los países, existen momentos de euforia con rápidos crecimientos del PIB, fuerte aumento del empleo, de los beneficios de las empresas, de la inversión, etc., seguidos de otros momentos de depresión económica, en que las tasas de variación del PIB se reducen e incluso se hacen negativas, arrastrando empleo, rentas e inversión.

En la figura 2.1 puede verse una perspectiva temporal de esos mo-

El ciclo económico mundial
(tasas de variación real del PIB)

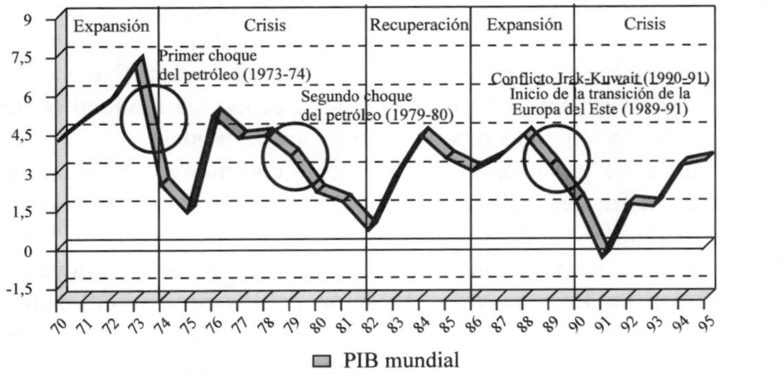

Fuente: Elaboración propia a partir de datos de OCDE (Main Economic Indicators).

Figura 2.1

vimientos de cambio de ritmo de la economía mundial, a los que se suele denominar ciclos económicos.

La expansión económica de finales de los años sesenta y primeros de la década de los setenta se ve bruscamente interrumpida por la crisis del petróleo. A finales de 1973 se inicia la guerra del Yom Kippur entre Israel y diversos países árabes, consecuencia de la cual es el embargo internacional de suministros declarado por la OPEP. En pocas semanas el precio del petróleo se multiplica por cuatro. Los países más desarrollados paran su crecimiento para tratar de corregir los desequilibrios inmediatos: aumento de la factura petrolífera y sus efectos sobre déficit comercial e inflación.

El período de crisis se alarga durante varios años, y cuando parece que la economía mundial recupera su ritmo, llegan los nuevos sucesos de 1979-1980: destronamiento del Sha y llegada al poder del ayatolá Jomeini y su régimen revolucionario en Irán; nueva guerra entre Irán e Irak; nueva elevación de precios del petróleo, que prácticamente se duplican de forma inmediata, sobre niveles ya elevados. De unos 2 dólares por barril en 1972 se ha pasado a más de 10 en 1974 y a 35 en 1980. Nueva caída del ritmo de actividad económica mundial.

Según se va avanzando por la década de los ochenta, va recuperándose el ritmo de la economía mundial, con un pequeño bache, que no puede llegar a calificarse de crisis, hacia mediados de los ochenta. A finales de 1987 se produce una caída generalizada de las bolsas mundiales, iniciada en Wall Street. Calificada inicialmente como *crisis bursátil* y *lunes negro* (en recuerdo de aquel *viernes negro* de 1929 en que se inició, también en el mercado financiero de Nueva York, una de las más graves perturbaciones de la economía mundial contemporánea), acabó teniendo repercusiones muy limitadas.

La verdadera crisis llegaría nuevamente con motivo de un conflicto bélico (la Guerra del Golfo) y ligada, otra vez, al mundo del petróleo. En agosto de 1990 Irak invade Kuwait, y en enero de 1991 Estados Unidos lidera la operación *relámpago* de liberación de Kuwait. La inestabilidad en la zona y la elevación de los precios del petróleo (aproximadamente en un tercio y sólo transitoriamente durante 1991) afectan a la economía mundial. Las economías en transición del centro y del este de Europa pagan, en términos de un acusado menor crecimiento inicial, su paso de la planificación centralizada a la aceptación de las reglas de mercado.

La Tríada

La importancia económica relativa de Estados Unidos, Japón y los países europeos de la actual Unión o anterior Comunidad Económica Europea (la *Tríada*), hace que sean éstos los que marcan el paso de la economía mundial. Sigue siendo verdad que un estornudo en Wall Street produce escalofríos en muchas ciudades de todos los continentes. Por ello, puede resultar interesante revisar, por separado, las fluctuaciones cíclicas de estas tres grandes potencias económicas.

Las fluctuaciones cíclicas (1975-1995) de Estados Unidos, Japón y la UE-15 (% variación del PIB real)

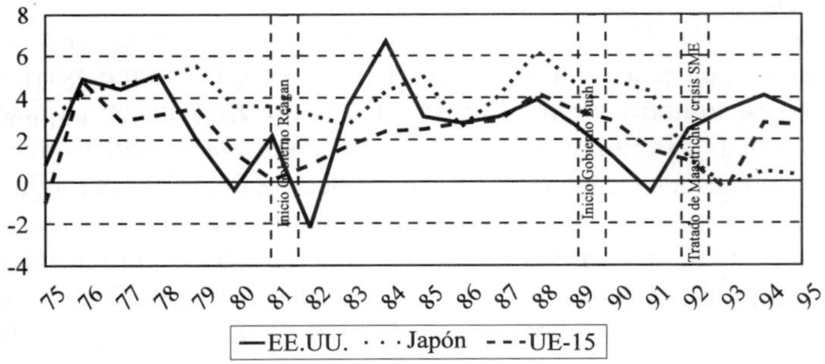

Fuente: OCDE, *Estadísticas Retrospectivas.*
Para 1994-1995, estadísticas de base y estimaciones de la OCDE.

Figura 2.2

La curva de evolución de Estados Unidos recoge, como era de esperar, las grandes perturbaciones que afectaron a la economía mundial y que hemos señalado anteriormente. Sin embargo, también presenta algunas peculiaridades propias. Cuando en 1981 Ronald Reagan gana las elecciones para los republicanos frente al demócrata Jimmy Carter, «hereda una economía débil y vacilante. Muchos de los males económicos anteriores permanecen sin control y determinan el comportamiento general. Pero ahora se añaden nuevas incertidumbres respecto al futuro de los precios energéticos mundiales, las tasas de inflación y los tipos de interés. La nueva administración interpreta su victoria en la elección como evidencia, en parte, de las frustraciones del pueblo americano resultado del declive en el comportamiento de la economía de Estados Unidos y su creciente vulnerabilidad a los acontecimientos mundiales. La administración Reagan no pierde tiempo en proponer una nueva política diseñada para corregir estos problemas y retornar a un próspero camino de crecimiento» (WEFA, *Industrial Planning Service,* mayo 1982).

La realidad es que la nueva política económica de Reagan (posteriormente calificada como *Reaganomía*) propone un nuevo modelo de crecimiento basado, entre otras cosas, en la reducción de impuestos, la limitación del gasto público y un dólar fuerte. La conjunción de la situación heredada con unos primeros efectos de carácter contractivo de la nueva política económica provoca una caída en 1982 «made in USA». Como también es *sui generis* la punta de muy fuerte crecimiento de 1984.

Cuando en 1989 George Bush gana las elecciones en Estados Unidos, hereda aún una economía a buen ritmo de crecimiento pero con grandes desequilibrios acumulados durante la *era Reagan:* en particular fuertes déficits exterior y público. Corregir una inflación relativamente elevada, financiar el cuantioso déficit público, corregir el desequilibrio de la balanza exterior, no eran demasiado compatibles con políticas desarrollistas. Si se añaden los problemas consecuencia de la Guerra del Golfo, no puede extrañarnos que en 1991 Estados Unidos llegue a entrar incluso en recesión (crecimiento negativo del PIB), años por delante de lo que terminaría ocurriendo en Japón y la Unión Europea.

Como indica el Banco de España en su informe anual referido a 1993, en ese año «se produjo una acentuación de las diferencias cíclicas entre los países industrializados, dentro de los cuales cabe distinguir dos grupos: los que se encuentran en fase claramente alcista del ciclo —principalmente, Estados Unidos y otros países anglosajones— y el resto, que han atravesado en 1993 situaciones recesivas de diversa intensidad. Durante 1993, año en que nació la Unión Europea, las economías de los países miembros atravesaron, en conjunto, uno de los períodos más difíciles de su historia reciente. Las discrepancias de las prioridades de sus objetivos económicos y políticos, la insuficiente coordinación de sus decisiones y la incompatibilidad parcial de sus actuaciones fueron los principales condicionantes que acentuaron la desaceleración cíclica durante 1992 y contribuyeron a desencadenar la crisis del Sistema Monetario Europeo».

En resumen, el gráfico de la evolución histórica reciente tiene las huellas generales de las crisis mundiales y las particulares de la época Reagan en Estados Unidos, de los sucesos ligados a la firma del Tratado de Maastricht y de las dificultades de las monedas europeas para mantenerse dentro de los estrechos márgenes iniciales del Sistema Monetario Europeo.

Como consecuencia, las fases de prosperidad y depresión por las que pasan todas las economías (un ciclo completo en el lenguaje de los economistas) no son simples movimientos naturales de adaptación y corrección del rumbo, sino que están muy condicionadas por acontecimientos puntuales.

TABLA 2.1

Algunos acontecimientos mundiales a recordar por su incidencia en la economía de los últimos 20 años	
1973	Guerra del Yom Kippur entre Israel y algunos países árabes (16-10-73). La OPEP declara el embargo de suministros y el precio del petróleo se multiplica por cuatro en pocas semanas.
1979	Llega al poder en Irán el ayatolá Jomeini y sale del país el destronado Sha (1-2-79). Entra en vigor el Sistema Monetario Europeo, SME (13-3-79).
1980	Estalla la guerra entre Irán e Irak tras diez meses de conflictos fronterizos (23-9-80).
1981	Se inicia la *era Reagan* en Estados Unidos. El nuevo presidente presenta a las dos Cámaras, reunidas en una sesión conjunta, su nuevo programa económico, el *Programa para el Relanzamiento Económico* (18-2-81).
1985	Arabia Saudita inicia un nuevo sistema de fijación de precios del petróleo *(net/back pricing)* que implica una caída (9-85). Con un dólar también en fase de depreciación respecto a las principales monedas, existe una reducción de la factura del petróleo para los países industrializados.
1987	Se inicia una crisis bursátil el *lunes negro* de Wall Street, que termina de una forma más benigna de lo que inicialmente se temía (19-10-87).
1989	Se camina decididamente hacia la reunificación de Alemania. Simbólicamente empieza la demolición del muro de Berlín (9-10-89).

	Con la elección de George Bush como presidente de Estados Unidos, termina la era Reagan y empieza la corrección de los desequilibrios económicos pendientes.
1990	Irak invade Kuwait (2-8-90).
1991	Estalla la Guerra del Golfo (16-1-91).
1992	Se aprueba el Tratado de Maastricht en la cumbre europea celebrada en esa ciudad y que establece los criterios para la convergencia hacia una Unión Económica y Monetaria (7-2-92). Culmina la primera fase de las dificultades dentro del Sistema Monetario Europeo iniciada a principios de junio, con la salida de la libra esterlina y la lira, junto con la devaluación de la peseta (17-9-92).
1993	Culmina la segunda fase de dificultades del SME con la ampliación de las bandas de fluctuación entre monedas hasta el ±15 por 100 (2-8-93).
1995	En la cumbre de Madrid se aprueba el calendario para la implantación del euro (15-12-95).

Cuando el director general del FMI, Michel Camdessus, comentaba en la asamblea de Madrid de finales del 94 que a los siete años (más o menos) de vacas flacas podrían suceder otros tantos de vacas gordas, sólo era una licencia literaria. Ni él ni ninguna persona mínimamente informada cree en la regularidad de los períodos de expansión y declive. Como promedio de los últimos 50 años, los países industrializados pueden haber estado en expansión económica durante la mayor parte del tiempo: unos 8 años de cada 10.

Para delimitar la duración de un ciclo económico completo en una economía hay que entrar en múltiples detalles técnicos que no es cuestión plantear aquí. Sin embargo, en los dos gráficos adjuntos incluimos dos formas bastante intuitivas de caracterizar una evolución cíclica.

En el primero se parte de definir una *tendencia* a largo plazo que nos indicaría algo así como el *crecimiento sostenible* por encima y por debajo del cual pueden establecerse, de acuerdo con los datos de PIB realmente observados, unos *límites normales* sólo sobrepasados en momentos excepcionales de *sobreexpansión* o *recesión*. El gráfico para cualquier país de las diferencias al PIB tendencial marcará «fondos» y «picos» más o menos acusados y con muy diversa separación temporal entre sí. En general, hablaremos de *expansión* mientras vaya mejorando la situación respecto a períodos anteriores, incluso aunque nos encontremos aún por debajo del PIB tendencial. Igualmente, calificaremos como *declive* la caída del diferencial del PIB respecto a su línea de tendencia.

Pero para matizar algo más y, sobre todo, para cuantificar oscilaciones y su duración, vamos a pasar al segundo gráfico adjunto, en que incluimos los resultados de un amplio estudio sobre la economía estadounidense durante la última mitad de siglo. Ahora representamos *tasas de variación del PIB real,* y se diferencian nueve fases cíclicas: cuatro (de la II a la V, ambas inclusive) de crecimiento positivo, aunque progresivamente desacelerado, y las cinco restantes (VI a IX y I) de crecimiento negativo y en mejora progresiva. El mayor PIB *(pico)* se alcanza tras los sucesivos años de crecimiento positivo (etapa expansiva) y el mínimo *(fondo)* tras los años de crecimiento negativo. Según la experiencia de Estados Unidos, el ciclo medio duraría unos 21 trimestres, es decir algo más de 5 años, de los que estaría en fase expansiva más de 16 trimestres, es decir más de 4 de los 5 años de duración del ciclo. Como puede verse, además, las tasas positivas y negativas no son de igual magnitud, siendo más acusadas las correspondientes a las fases de expansión.

En resumen, dentro de un ciclo económico coyuntural o de los negocios (*business cycle* es su denominación habitual en inglés), las fases habituales de recesión, crecimiento, sobreexpansión *(boom)* y declive ni tienen todas la misma duración ni presentan igual intensidad de unos períodos a otros. Incluso es posible una fase de declive sin necesidad de entrar en recesión, al igual que el crecimiento no ha de culminar obligatoriamente en una fase de sobre expansión con tasas de crecimiento por encima de lo normal.

De forma muy simple, podemos calcular las fases de expansión y declive de las economías de Estados Unidos y la Unión Europea, dependiendo de que su crecimiento se sitúe por encima o por debajo de la media de crecimiento del período 1975-1995: 2,6 por 100 para Estados Unidos y 2,2 por 100 para la UE-15. Dos fases sucesivas de expansión y declive forman un ciclo completo. De esta forma, en los últimos veinte años tendríamos un primer ciclo 1976-1982 (Estados Unidos) o 1976-1983 (Unión Europea); un segundo ciclo 1983-1992 (Estados Unidos) o 1984-1993 (Unión Europea); y una primera fase expansiva de un nuevo ciclo.

Al parecer, la economía norteamericana se adapta más rápidamente a los nuevos acontecimientos, como los choques del petróleo, que

Ciclo definido por desviaciones a la tasa tendencial

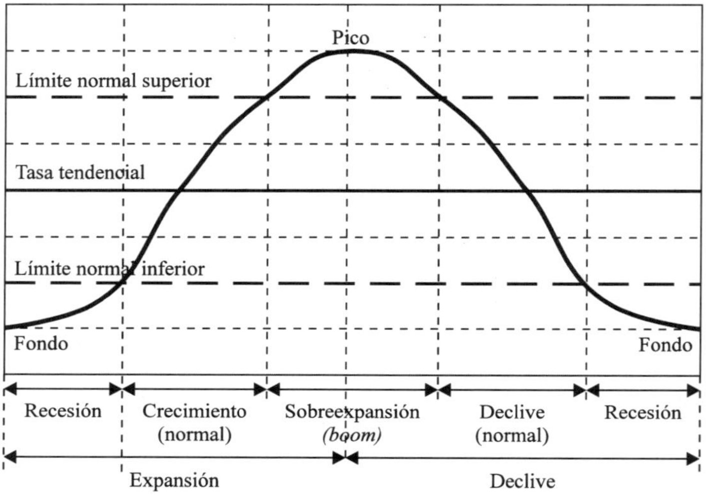

Fuente: Versión simplificada del ciclo de desviación definido según la propuesta australiana. E. Hay: «Deviation cycle: A new index of the Australian Business Cycle», *The Australian Economic Review,* 1975.

Figura 2.3

definen los cambios de ciclo, y va adelantada más o menos en un año. (Véase, al respecto, el documento seleccionado). Pero la oscilación cíclica no pasa, además, con los mismos efectos en los diferentes países. En conjunto, vemos cómo quedan claramente detectados unos años de sobreexpansión o crecimiento excepcional y otros de recesión o fuerte paralización económica.

En Estados Unidos resultan claramente excepcionales, para bien y para mal, los años de la Administración Reagan y cercanos, como ya comentamos con anterioridad. También la fuerte recuperación económica de 1994 con la Administración Clinton parece excepcional para los patrones habituales de Estados Unidos.

En Europa, la sobreexpansión de los años 1983-1984 posiblemente no es sino el reflejo, con el inevitable retraso, del tirón de la economía estadounidense y de sus efectos en cadena sobre toda la econo-

Ciclo medio de la economía en Estados Unidos (1947-1992) según el NBER (National Bureau of Economic Research)

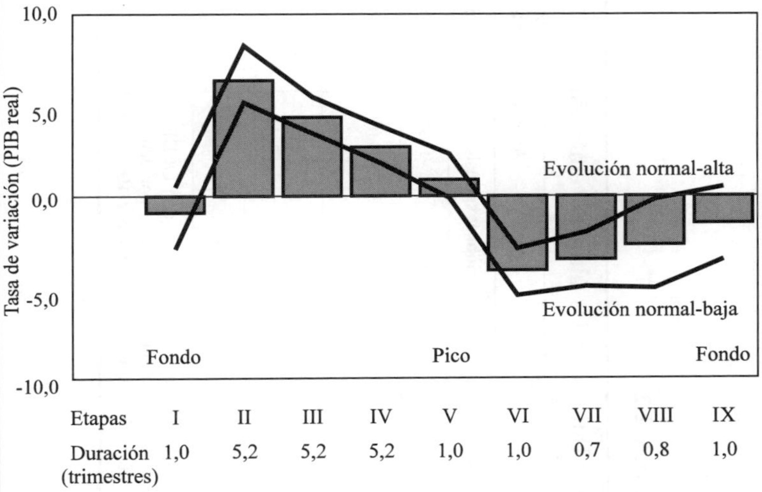

Fuente: NBER. Incluido en M. P. Niemira y P. A. Klein, *Forecasting Financial and Economic Cycles,* Wiley and Sons, 1994 .

Nota: Las tasas de variación están referidas al total del período. Así, la etapa II tiene un crecimiento superior al 5% en 5 trimestres, es decir, aproximadamente a 1% por trimestre.

Figura 2.4

mía mundial. El fuerte crecimiento de 1988 parece ser la consecuencia de las políticas expansivas que siguen a los temores de recesión por la crisis bursátil de finales de 1987.

En el terreno de las sucesivas recesiones, no es de extrañar que la Unión Europea se pusiera en situación de crecimiento prácticamente cero en los años inmediatos a los dos fuertes choques del petróleo (1973/74 y 1980/82). Lo que resulta más extraño es la fuerte caída de 1992/93. Pero su explicación exige tratar en detalle el Tratado de Maastricht y el SME, lo que haremos más adelante.

TABLA 2.2

Ciclos de la economía de Estados Unidos en los últimos veinte años

Período	Duración aproximada (años)	Subperíodos				Años excepcionales			
		Expansión		Declive		Sobreexpansión		Recesión	
		Período	Tasa	Período	Tasa	Años	Tasa	Años	Tasa
1976-1982	7	1976-1978	4,6	1979-1982	0,4	1976-1978	4,6	1980 1982	–0,4 –2,2
1983-1992	10	1983-1989	3,7	1990-1992	1,1	1983-1984 1988	5,2 3,9	1990-1991	0,4
1993-?	—	1993-1995	3,6	—		1994	4,0		

Fuente: Elaboración propia a partir de las tasas de variación del PIB en constantes incluidas en OCDE, *Estadísticas Retrospectivas*. Los períodos de expansión y declive se han calculado dependiendo de que estén por encima o por debajo de la tasa media de crecimiento 1975-95 (2,6 por 100). Los años excepcionales se han establecido por encima del 3,5 por 100 y por debajo del 1,5 por 100.

TABLA 2.3

Ciclos de la economía de la Unión Europea en los últimos veinte años

Período	Duración aproximada (años)	Subperíodos				Años excepcionales			
		Expansión		Declive		Sobreexpansión		Recesión	
		Período	Tasa	Período	Tasa	Años	Tasa	Años	Tasa
1976-1983	8	1976-1979	3,7	1980-1983	1,0	1976	5,0	1980-1982	0,8
1984-1993	10	1984-1990	3,0	1991-1993	0,7	1988	4,2	1992-1993	0,3
1994-?	—	1994-1995	2,8						

Fuente: Elaboración propia a partir de las tasas de variación del PIB en constantes incluidas en OCDE, *Estadísticas Retrospectivas*. Los períodos de expansión y declive se han calculado dependiendo de que estén por encima o por debajo de la tasa media de crecimiento 1975-95 (2,2 por 100). Los años excepcionales se han establecido por encima del 3,5 por 100 y por debajo del 1,5 por 100. Los cálculos están referidos al conjunto de los 15 países hoy miembros de la UE.

Diferencias cíclicas entre Estados Unidos y la Unión Europea[1]

En el último ciclo económico de los países industrializados se ha manifestado una clara asincronía tanto en la desaceleración de la actividad productiva como en el retorno a tasas de crecimiento: en Estados Unidos, la producción experimentó una súbita caída a partir de 1988, y el punto más bajo del ciclo se alcanzó en el inicio de 1991, mientras que la Unión Europea, considerada en su conjunto, mantuvo, durante dos años más, tasas de crecimiento del PIB superiores al 2 por 100, y parece que el mínimo lo registró en la primera mitad de 1993.

Esta evolución contrasta con la de las dos recesiones económicas anteriores, a mediados de los años setenta y a principios de los ochenta. En ambas, la economía americana también fue más rápida que las europeas en pasar a la fase descendente del ciclo, pero este desfase fue mucho más corto; por otra parte, la salida de la recesión ocurrió prácticamente al mismo tiempo.

El desfase, en cuanto al comienzo de la última recesión, está, en buena parte, asociado a la reunificación alemana, que ha contribuido de manera significativa a retardar la caída de la actividad productiva en la Unión Europea; además, y a excepción del Reino Unido, en los países europeos no ha sido necesario, al menos con la misma intensidad, el ajuste de carteras de los agentes privados que han llevado a cabo las economías anglosajonas y cuyo inicio marcó el cambio de tendencia a finales de 1987.

Estados Unidos y la Unión Europea siguieron políticas más similares en los años setenta que en los diez años posteriores; en este último período, en claro contraste con la década anterior, tuvo lugar en las dos áreas una clara decantación hacia políticas monetarias restrictivas y políticas fiscales expansivas, que se tradujeron en altos tipos de interés reales y déficits públicos persistentes a lo largo de toda la década.

Sin embargo, en la segunda mitad de los años ochenta, en Estados Unidos, en contraste con la Unión Europea, se inició un cambio en la combinación de las políticas económicas descritas, que se plasmó en una reducción paulatina de los tipos de interés reales, especialmente intensa a medida que se confirmaba la caída de la actividad. El déficit público estadounidense, aunque tendió a ampliarse en la fase recesiva, ha comenzado a reducirse en la actual recuperación. En la Unión Europea, por el contrario, la reunificación alemana supuso un retraso de la recesión económica y condicionó la evolución de los tipos de interés del área. Las tensiones inflacionistas que se produjeron en Alemania desde entonces dieron lugar a un endurecimiento de la política monetaria en este país, que, dado

[1] Incluido en el *Informe Anual 1993* del Banco de España, pág. 27.

su liderazgo en la determinación de los tipos de interés en el SME, se trasladó, a través del compromiso cambiario, al resto de los países. En los últimos años, los tipos de interés reales en el conjunto de la Unión Europea han alcanzado los niveles más elevados de los últimos veinte años, a pesar de la fuerte caída que ha registrado la actividad productiva. En este contexto, se han producido mayores desajustes fiscales y, en definitiva, un aumento continuo de los déficits públicos.

Como resultado, la situación actual de ambas áreas es claramente distinta: Estados Unidos ha iniciado una fase de recuperación, con una combinación de políticas económicas más adecuada (tipos reales bajos y ajuste fiscal), mientras que la Unión Europea mantiene los tipos de interés en niveles que pueden considerarse elevados para la baja tasa de actividad que todavía registra, al tiempo que la necesidad de proceder al ajuste fiscal se hace más acuciante y resulta también más difícil, en un contexto económico poco favorable.

3 Competitividad internacional y solidaridad mundial

Empezando con la productividad

La forma más inmediata de comparar la eficiencia de dos economías o de un país en dos momentos distintos del tiempo es a través de sus diferencias de productividad. Aunque la productividad debería medirse relacionando producción con todo tipo de factores que intervienen en el proceso (trabajadores, máquinas, materias primas, capitales financieros, etc.), lo más habitual es calcularla como producción por persona empleada. A la primera se la denomina *productividad total* y a la segunda *productividad aparente del factor trabajo*.

Para tener una idea de las brutales diferencias de productividad entre países, basta recordar los datos de PIB per cápita que comentamos con anterioridad. Si la India o Bangladesh tienen una producción por habitante del orden del 1 por 100 de la de Estados Unidos, no muy lejos de esta relación debe de estar la productividad entre dichos países.

Naturalmente, la productividad por persona empleada será muy superior. Pero es muy difícil establecer una línea clara entre empleo, subempleo y autoempleo en los países poco desarrollados, por lo que ni siquiera se dispone de una información estadística fiable. En cualquier caso, el sistema económico del país produce una cantidad con la que tiene que alimentar a una población determinada, y la relación entre ambas nos da una idea aproximada de la productividad del sistema.

En ningún caso, sin embargo, deben confundirse diferencias de productividad con diferencias más profundas de capacidad de trabajo o aptitudes personales. Un trabajador de la construcción en la India produce menos, necesariamente, por día de trabajo que otro en Estados Unidos porque mueve los materiales a mano en lugar de mecánicamente, porque trabaja con escasos materiales prefabricados, porque se le paga mucho menos y, por tanto, se valora mucho menos su producción. Naturalmente, también influyen formación, organización empresarial, etc.

Partiendo, entonces, de las grandes diferencias existentes en los *niveles de productividad,* resulta especialmente significativo centrarse en las *ganancias de productividad,* que van necesariamente emparejadas con las mejoras en el nivel de vida.

Los cálculos disponibles indican que esas ganancias de productividad oscilan entre el 1,5 y el 3 por 100 anual para los países industrializados. Es decir, cada año se puede fabricar lo mismo que el anterior con un 1,5 a 3 por 100 menos de trabajo.

TABLA 3.1

Mejoras medias anuales de productividad para algunos países europeos durante los últimos 15 y 30 años (porcentajes)

	Productividad aparente		Productividad total	
	30 años	15 años	30 años	15 años
Alemania	2,8	1,5	2,0	1,3
Francia	3,2	2,1	2,3	1,4
Italia	3,7	2,0	2,5	1,2
Reino Unido	2,1	1,7	1,6	1,2
España	4,2	2,6	3,2	1,5
Grecia	4,3	1,1	3,6	1,3
Irlanda	3,9	3,8	3,2	2,9
Portugal	4,1	4,9	3,5	2,0
Media UE	3,0	1,8	2,2	1,3

Fuente: Los datos de productividad aparente corresponden a la variación media del PIB real por persona ocupada para los períodos 1960-1990 y 1977-1990, tomados de OCDE, *Historical Statistics 1960-1990*. Los datos de productividad total están tomados de J. L. Raymond, *Crecimiento económico y factor residual en los países de la Europa Comunitaria*. FIES, doc. 100/1993, y corresponden a los períodos 1961-1991 y 1975-1991.

Competitividad por precios

Pero la preocupación de los países no es sólo la de ser muy productivos y mejorar año a año en esa productividad. En un mundo fuertemente interconectado, unos países tratan de vender a otros los bienes y servicios que son capaces de producir de forma más eficaz. A esa capacidad para producir y vender productos en mercados internacionales se la denomina *competitividad.*

La forma más inmediata de competitividad es vender a menor precio que otros países y, por tanto, producir a costes inferiores. A nivel macroeconómico en su conjunto y con todas las diferencias y matices por sectores y empresas, la competitividad-precio tiene ciertos aspectos comunes, condicionados por los costes salariales (incluidos Seguridad Social y costes extraordinarios por despido, absentismo o jubilación anticipada), costes financieros y de distribución, rentabilidad exigida habitualmente al capital, impuestos, etc.

En términos puros de costes laborales, las diferencias entre países son tan abismales como lo son los niveles de vida. Dentro del mundo desarrollado pueden darse diferencias de coste máximas del orden del

Costes salariales en fabricación (dólares por hora, 1990)

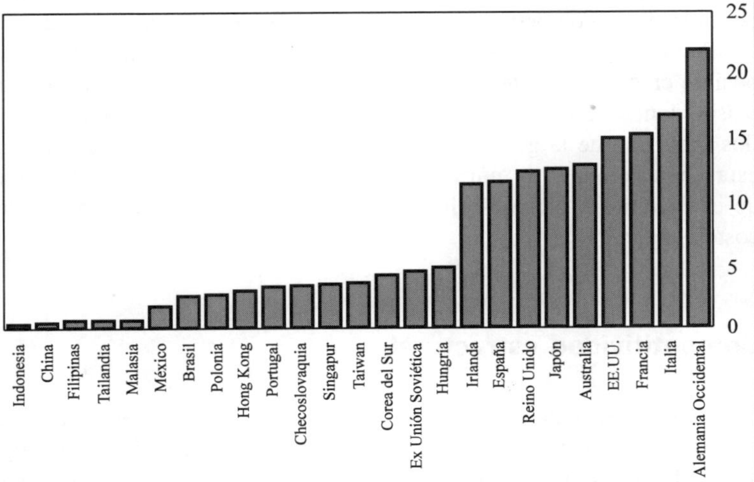

Fuente: DRI McGraw-Hill; Morgan Stanley. Incluido en *The Economist* (1993), *Guía de los indicadores económicos,* Ed. Prado.

Figura 3.1

50 por 100. Pero los salarios de los países de la *Tríada* (Unión Europea, Estados Unidos y Japón) pueden multiplicar por 5 los de algunos países de la Europa del Este o incluso superar 10, 20 o más veces o más los de ciertos países del sudeste asiático o Latinoamérica. Con esas diferencias es muy difícil llegar a competir en precios, por mucho que se intenten aquilatar otros costes, tener un tipo de cambio favorable o por mucho que se consiga en términos de productividad.

La productividad, y su mejora, es una base para ser competitivo pero no una garantía absoluta. La competitividad hay que ganarla en cada producto y por cada empresa.

Definido un proceso productivo realizado con la tecnología disponible a nivel mundial y transplantable de unos países a otros por las grandes multinacionales, diferencias de productividad del 50 por 100 son ya casi imposibles de imaginar. Si Toyota utilizaba en 1990 unas 18 horas/hombre por vehículo en su fábrica de Takaoka, es difícil pensar que pudieran mantenerse, por parte de otras multinacionales, fábricas que empleasen más de 40 ó 50 horas por vehículo. Las productividades para operaciones concretas tienden a homogeneizarse más rápidamente que los costes salariales, al menos en ciertas actividades. En otras, productividades bajas se compensarán con salarios bajos y permitirán ser competitivos a los países más desarrollados.

Precisamente por ello se pregunta el Grupo de Lisboa: «¿Cómo es posible creer que existe una solución razonable a la competencia entre países donde se trabaja 2.200 horas al año por 1.000 dólares y aquellos otros en que la gente trabaja 1.600 horas por 30.000 dólares? Bajo estas condiciones, es pura demagogia pedir que la competitividad de estos últimos países se incremente mediante una reducción de los costes laborales»[1].

Competitividad estructural

Para ver el tema de la competitividad con realismo, es preciso tener en cuenta que ni todos los países compiten entre sí en todo tipo de productos ni la competencia se limita al precio de venta y, aún menos, al coste puro de producción.

---

[1] The Group of Lisbon, *Limits to competition,* Gulbekian Foundation, Lisboa, 1993.

Evidentemente, habrá productos en que el coste de la mano de obra puede ser un factor determinante del precio y éste constituir el elemento básico para su implantación en los mercados internacionales. Serán productos *maduros,* de tecnología débil o mundialmente difundida, pertenecientes a sectores tales como el textil, calzado, juguete, madera, siderurgia... Pero incluso aquí es importante tener en cuenta que el coste de fabricación puede suponer el 50-60 por 100, o incluso menos, del precio final de adquisición por el consumidor final.

En este tipo de productos no ser competitivos puede significar una pérdida permanente de mercados internacionales, con dolorosos procesos de ajuste industrial, regulación de empleo y pérdida de nivel de vida, tanto más acusada cuanto mayor sea la importancia relativa de este tipo de sectores en la economía del país y cuanto más brusco sea el proceso de apertura de sus mercados.

Pero para otros muchos bienes y servicios la competitividad no es sólo cuestión de precio. Es cuestión, al menos, de calidad (bajas tasas de defectos, productos fiables y duraderos), atención al cliente (amplia distribución, entregas rápidas, eficiente servicio postventa), adaptación a los cambios del mercado o incluso capacidad para liderarlos (nuevos productos, ampliación de la gama, diseño).

La competitividad de una economía en su conjunto viene dada por su capacidad para participar en los procesos internacionales de crecimiento, vendiendo bienes y servicios y atrayendo inversión extranjera a largo plazo, y la ubicación de empresas u otras instituciones multinacionales.

En este sentido de *atracción al exterior,* la competitividad incluye aspectos tales como la estabilidad socio-política, la apertura cultural, el espíritu empresarial, la actitud de los trabajadores o la calidad de vida, junto a otras medidas de un buen funcionamiento económico. Así, el *World Economic Forum* y el *International Institute of Management Development* vienen elaborando desde hace años su «World Competitiveness Report», que incluye, en sus últimas versiones, 31 factores distintos.

TABLA 3.2

Factores de competitividad para el exterior (atracción internacional)	
1. Potencial económico 1.1. Cuadro macroeconómico 1.2. Situación sectorial 2. Internacionalización 2.1. Comercio exterior 2.2. Nivel de proteccionismo 2.3. Grado de cooperación de empresas del país y extranjeras 2.4. Inversión directa extranjera 2.5. Apertura cultural 3. Gobierno 3.1. Intervención del Estado en economía 3.2. Legislación y regulación medioambiental 3.3. Política fiscal y monetaria 3.4. Estabilidad socio-política 4. Financiación 4.1. Coste del capital 4.2. Disponibilidad 4.3. Mercado de valores 4.4. Servicios financieros	5. Infraestructura 5.1. Recursos naturales 5.2. Red de transportes y telecomunicaciones 5.3. Desarrollo urbano 6. Dirección 6.1. Espíritu empresarial 6.2. Capacidad de los ejecutivos 6.3. Resultados de la empresa 6.4. Eficiencia de la empresa 7. Ciencia y tecnología 7.1. Gasto en I+D 7.2. Personal dedicado a actividades I+D 7.3. Generación propiedad intelectual 7.4. Utilización de la tecnología 8. Capital humano 8.1. Características de la población 8.2. Estructura sistema educativo 8.3. Estructura mercado trabajo 8.4. Actitud de la fuerza de trabajo 8.5. Calidad de vida

Fuente: World Economic Forum International & Institute of Management Development. *The World competitiveness report.*

Ordenación por competitividad de los 25 primeros países

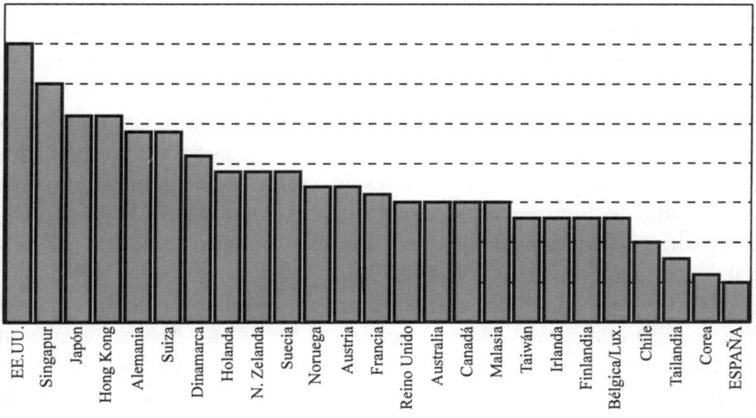

Fuente: World Economic Forum, 1994.

Figura 3.2

Los límites de la competitividad

Casi todos estaremos de acuerdo en que la competitividad económica no excluye algún grado de cooperación entre países o incluso entre bloques. Un ejemplo claro son las negociaciones dentro del G-7 (los siete países mayores en términos económicos) para aunar esfuerzos y coordinar acciones con el fin de evitar o suavizar las recesiones y apuntalar los procesos de recuperación.

Pero, posiblemente, puede haber quien, de tanto hablar de competitividad, haya perdido de vista otros aspectos relevantes de una estrategia económica más amplia o incluso de una estrategia socio-política mundial.

Un economista norteamericano de actualidad, Paul Krugman, ha llegado a afirmar que la obsesión con respecto a la competitividad es a la vez errónea y peligrosa. Errónea, porque la idea de que la fortuna económica de un país está ampliamente determinada por su éxito en el mercado mundial es sólo una hipótesis peligrosa, porque puede estimular el despilfarro del gasto público en su defensa; inducir al proteccionismo y a las guerras comerciales; conducir a una política pública equivocada en muy diversas áreas, con una obsesiva reducción de los gastos en protección social.

Estamos de acuerdo en que, aunque tiene ciertas similitudes con una gran empresa, no pueden extrapolarse, directamente y sin más, las normas de gestión de corporaciones industriales a la dirección de la economía nacional. Un país se diferencia de una empresa, entre otros rasgos, en que su producción se compra por sus propios empleados/ciudadanos; en que los países no sólo compiten al vender, sino que son, al mismo tiempo, sus mercados y sus proveedores. Por tanto, la competitividad internacional tiene límites y matices muy especiales al tratar con países y no con empresas.

Mucho más profunda e interesante nos parece la defensa de los *límites a la competitividad* que realiza el Grupo de Lisboa. «La competencia entre empresas aisladas no puede manejar eficientemente los aspectos de largo plazo de los problemas mundiales. El mercado no puede descontar adecuadamente el futuro: es, por naturaleza, de visión corta. Poner juntas miles de organizaciones miopes no las capacita, individual o colectivamente, a ver la realidad y adquirir un sentido de dirección ni a proporcionar gobierno, orden y seguridad. Lo mismo se aplica a la competencia entre naciones (estados) que, en exceso, inevitablemente conduce a un clima de carrera alocada y guerra económica mundial y dificulta la capacidad de las autoridades nacionales para dirigirse hacia las prioridades correctas a nivel nacional y global.»

TABLA 3.3

Los efectos negativos de la competencia en exceso
• Da prioridad a los instrumentos y sistemas técnicos sobre las personas y las organizaciones humanas. Las personas sólo importan como productores y consumidores.
• Da primacía a los costes financieros a corto plazo. Crea sobreproducción e insuficiencias.
• Reduce el carácter competitivo del mercado doméstico nacional e incrementa la concentración industrial y financiera a nivel global. Con ello, favorece el desarrollo de mercados globales oligopolísticos.

- Fortalece la inigualdad regional dentro y entre países en el acceso al proceso de innovación (el rico y fuerte se vuelve más rico y más fuerte).
- Fortalece la división de la población y regiones del mundo entre el mundo «integrado» y el mundo «excluido».
- Contribuye a un alto nivel de perturbación medioambiental, aunque puede estimular la investigación de nuevos procesos y productos.
- Es fuente de una mayor exclusión social. Las personas, empresas, ciudades y naciones no competitivas son dejadas de lado. Ya no son objeto de la historia. Carecen de valor porque son «perdedoras».
- Soporta el «círculo virtuoso» de la agresividad individual y colectiva y dificulta el desarrollo de la solidaridad y el diálogo entre los pueblos, naciones y comunidades.
- Reduce la capacidad de las organizaciones públicas y de la democracia representativa a todos los niveles: a nivel de empresa, local, nacional y global.
- Finalmente, la ideología de la competitividad conduce a un empobrecimiento cultural a gran escala, como ilustran las opiniones mayoritarias de análisis y debates sobre temas relacionados con la ciencia, tecnología, riqueza, ética, democracia, medioambiente, relaciones Norte-Sur y la paz y la solidaridad; todo se reduce a unas pocas ideas simples centradas en empresa, mercado, dirección, eficiencia, productividad, innovación, transferencia de tecnología, comercialización, poder y consumidores.

Fuente: Group of Lisbon, *Limits to competition,* Gulbekian Foundation, Lisboa, 1993.

4 De los mercados de bienes a los mercados financieros

Del GATT a la OMC

Entre las instituciones nacidas en la posguerra, en 1947 se establece, con carácter permanente, un Acuerdo General sobre Comercio y Tarifas, conocido por sus siglas en inglés: GATT *(General Agreement of Trade and Tariff)*. A cada conjunto de negociaciones para alcanzar un nuevo acuerdo mundial se le ha llamado *«ronda»* y la última de ellas se inició en Punta del Este (Uruguay) en 1986 y ha durado prácticamente siete años. Desde principios de 1995, el GATT ha sido sustituido por la Organización Mundial de Comercio (OMG).

TABLA 4.1

Cronología de la Ronda Uruguay

Fecha	Acontecimiento
Septiembre de 1986	Inauguración en Punta del Este (Uruguay).
Diciembre de 1988	Revisión parcial (Montreal).
Abril de 1989	Acuerdo de Ginebra. Se inicia el Mecanismo de Revisión de las Políticas Comerciales (MRPC).
Junio de 1990	Presentación del «acuerdo marco» de Art de Zeeuw.
Diciembre de 1990	Reunión ministerial «definitiva» (Bruselas).
Febrero de 1991	Acuerdo sobre una fórmula para reanudar las negociaciones.
Mayo de 1991	Se amplía el plazo que permite al Gobierno de Estados Unidos negociar por el procedimiento de urgencia.
Junio de 1991	Reanudación de las negociaciones.

Diciembre de 1991	Presentación del borrador Dunkel de acuerdo sobre agricultura.
Mayo de 1992	Se aprueba la reforma de la PAC.
Noviembre de 1992	Acuerdo de Washington (Blair House) sobre agricultura entre Estados Unidos y la CE.
Diciembre de 1993	117 países firman el borrador del Acta final.

Fuente: ICE, enero de 1994.

El GATT, durante estos últimos años de la *Ronda Uruguay,* ha sido el foro de negociación de los intereses contrapuestos de los distintos bloques económicos. Con todo tipo de limitaciones, excepciones y salvedades, la Ronda ha conseguido reducir aranceles entre países en un tercio aproximadamente para productos agrarios, reducir las ayudas nacionales a materias primas y las subvenciones de exportación. El mayor camino por recorrer en un futuro está en el campo de los servicios (por ejemplo, servicios financieros, transporte marítimo, audiovisuales...) donde los acuerdos han sido muy reducidos.

Porque los movimientos de integración económica entre países constituyen, se quiera o no, una nueva forma de proteccionismo. Los países que integran un «mercado común» basan su éxito en la eliminación sucesiva de tarifas y prácticas comerciales discriminatorias internas y en su mantenimiento, de alguna forma, frente al exterior. El comercio tiende a ser libre dentro de cada «bloque» pero condicionado por la actuación de los gobiernos entre bloque y bloque. Es evidente, por ejemplo, que la Unión Europea, cuyo comercio entre los países que la constituyen viene a significar más de un tercio de las transacciones internacionales, ha supuesto una reducción del comercio anterior con otras áreas del mundo. El día en que se alcanzase una unidad política se habría reducido definitivamente el comercio internacional en una tercera parte. Y esto mismo puede decirse de la NAFTA (North American Free Trade Area), Mercosur (Brasil, Argentina, Paraguay y Uruguay), ASEAN (Brunei, Indonesia, Malasia, Filipinas, Singapur y Tailandia) o la veintena de agrupaciones regionales de países en que se integran 9 de cada 10 países integrantes del GATT.

Naturalmente, los países (y los bloques) cada vez se defienden menos de sus competidores con tarifas (sobreprecios aduaneros) y contingentes (límites a la cantidad importada). Las armas del día son más sutiles: normas de calidad, defensa del medio ambiente, trámites de registro y distribución, así como todo el conjunto de Medidas de Inversión Restrictivas del Comercio (MIRC).

Estas medidas tratan de influir sobre la localización y forma de actividad de la inversión extranjera, de manera tal que mejoren los beneficios para los residentes del país por encima de lo que ocurriría por libre elección de los inversores: obligatoriedad de una cierta proporción de compras de productos locales en el proceso de fabricación, exigencia de una cierta proporción de exportaciones sobre producción, limitaciones a la cuota de participación en el capital social del socio extranjero, reserva de puestos de trabajo a nacionales, requisitos sobre I+D nacional y transferencia de tecnología, límites a la repatriación de beneficios, etc.

Los grandes flujos del comercio mundial

De cada 100 dólares exportados de bienes y servicios en el mundo, 76 tienen su origen en los países industriales. A finales del siglo XX un continente entero como África sólo aporta un 2 por 100 al comercio mundial, y toda Latinoamérica, incluidos los países del Caribe, supone un escaso 3 por 100 de este comercio. Por su parte, a los países en transición de la Europa del Este, incluida la ex URSS, les corresponde, por el momento, sólo un 4 por 100 de las exportaciones de bienes y servicios del mundo.

Sin olvidar el posible papel que en el futuro pueden representar todos estos países, la verdad es que nuestros actuales competidores se encuentran fundamentalmente en el mundo desarrollado, especialmente en la Tríada (Estados Unidos, Unión Europea, Japón) y en los países asiáticos, que suponen más del 10 por 100 del comercio mundial y presentan una tasa de crecimiento más elevada que cualquier otra región del mundo.

Para los países de la Unión Europea nuestro mercado natural está en gran parte dentro de la propia Unión, que absorbe casi dos tercios de las exportaciones de los países integrantes. Por eso, aunque más del 40 por 100 de la exportación mundial de bienes y servicios tiene su origen en la Unión Europea, su importancia se reduce a casi el 20 por 100 si descontamos el comercio intracomunitario. En el caso de España, más del 70 por 100 de nuestras exportaciones van a otros países de la Unión Europea, siendo los principales destinos, y en este orden, Francia, Alemania, Italia y Reino Unido.

TABLA 4.2

Participación y variación en el comercio mundial de los países más desarrollados («países industriales»)

	Núm. de países	Tasa media de crecimiento anual de las exportaciones (volumen)	Participación en las exportaciones de bienes y servicios	
			Mundo	Países industriales
Total países industriales	23	4,0	76 (67)	100 (100)
EE.UU.	1	7,4		18 (27)
UE-12	12	3,2	42 (22)	55 (33)
Japón	1	3,3	9 (12)	12 (18)
EE.UU. + UE-12 + Japón	14	3,8*	65 (52)	85 (78)
Resto países	9	—	11 (15)	15 (22)

* Promedio de los siete mayores países industriales (G-7: EE.UU., Japón, Alemania, Francia, Italia, Reino Unido y Canadá).

Fuente: Fondo Monetario Internacional, *Perspectivas de la economía mundial* y elaboración propia. Las tasas están calculadas como media del período 1990-1993 (sólo mercancías), y los pesos, referidos a 1990.

Entre paréntesis hemos incluido la cuota de exportaciones equivalente eliminando del comercio mundial el intracomunitario (el 60 por 100 de las exportaciones de la UE, según datos en ecus correspondientes a 1989).

Centrándonos no ya en las exportaciones totales sino en el comercio mundial de productos manufacturados, en el gráfico adjunto podemos ver cómo se establecen los principales flujos de compraventa de bienes industriales entre las principales áreas geográficas.

Europa Occidental protagoniza por sí sola casi el 60 por 100 del comercio, si bien una gran parte es compraventa entre países del área. Norteamérica (Estados Unidos y Canadá) interviene en casi un 30 por 100 de las operaciones de importación o exportación de manufacturados. Asia concentra aproximadamente un 30 por 100. Estos porcentajes, naturalmente, no suman 100 porque está contado dos veces el comercio en que intervienen cualquiera de estas tres zonas. En cualquier caso, tres cuartas partes del comercio mundial de manufacturados se

TABLA 4.3

Participación y variación en el comercio mundial de los países menos desarrollados («países en desarrollo» y «países en transición»)

	Núm. de países	Tasa media de crecimiento anual de las exportaciones (volumen)	Participación en las exportaciones de bienes y servicios	
			Mundo	Países en desarrollo
Total países industriales	130	8,0	20	100
África	50	3,3	2	10
(África al sur del Sahara)	(45)	(2,1)	(0,7)	(3)
América	34	6,4	3	17
Asia	28	10,6	11	52
(Países asiáticos de reciente industrialización)	(4)	(10,3)	(6,5)	(32)
Oriente Medio y Europa	18	4,3	4	21
Total países en transición	28	—	4	—
Europa Central	12	—	1,5	—
Ex URSS*	16	—	2,5	—

* Incluida Mongolia.

Fuente: Fondo Monetario Internacional, *Perspectivas de la economía mundial* y elaboración propia. Las tasas están calculadas como media del período 1990-1993 (sólo mercancías), y los pesos, referidos a 1990.

Los cuatro países asiáticos de reciente industrialización son Corea, Hong Kong, Singapur y Taiwan.

realizan exclusivamente entre Europa, Norteamérica y Asia, sin intervención, ni como compradora ni como vendedora, de ninguna de las otras áreas geográficas del mundo: Europa Central y del Este, Latinoamérica, África y Oriente Medio.

Principales flujos de comercio exterior de productos manufacturados entre las tres principales áreas y con el resto (% del total de comercio mundial)

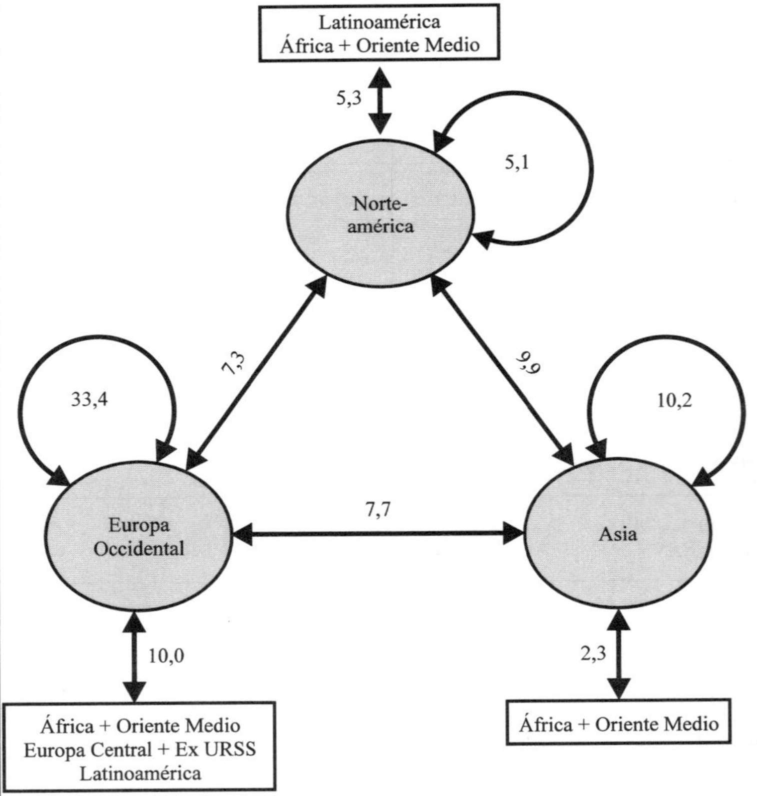

Fuente: U. Muldur, *Les formes et les indicateurs de la globalization,* FAST, Comission of the European Communities, Bruselas, 1993, y elaboración propia. Datos correspondientes a 1990.

Figura 4.1

Libre circulación de bienes, capitales y personas

El grado de apertura al exterior de un país depende de su tamaño, nivel de desarrollo, recursos naturales, etc.

En el caso de mercancías, exportaciones más importaciones (es decir, el volumen de lo intercambiado con el exterior), supone una parte importante del PIB, frecuentemente por encima del 20 por 100, e incluso llega a situarse alrededor de la mitad del PIB.

TABLA 4.4

Grado de apertura exterior en comercio internacional de mercancías para algunos países (Exportaciones + Importaciones, en porcentaje del PIB)

EE.UU.	16,4	Italia	29,7
Brasil	16,4	China	32,8
Rusia	20,0	Alemania	46,8
India	16,4	Nigeria	66,6

Fuente: Banco Mundial y elaboración propia. Datos correspondientes a 1992.

La situación es muy diferente en cuanto a la libre circulación de personas, donde siguen existiendo no sólo las resistencias a emigrar de las poblaciones de los países de origen, sino las restricciones a la entrada en los países más desarrollados.

A pesar del crecimiento demográfico diferencial entre países, los movimientos migratorios internacionales son relativamente reducidos. La ONU calcula que el número de personas que viven en países que no son los de su nacimiento es de unos 50 a 80 millones, es decir, afecta a sólo 1 de cada 100 ciudadanos del mundo, sin que ello oculte la importancia económica y social de la emigración.

En particular, Naciones Unidas calcula que una parte considerable de esa población lo hace en algunas de esas 37.000 corporaciones transnacionales (multinacionales) que existen en el mundo o en sus, aproximadamente, 200.000 filiales: en total unos 29 millones de puestos de trabajo para personas de fuera del país de la casa matriz; 17 millones en países desarrollados y 12 millones en países en desarrollo.

Para los países de la Unión Europea, se supone que debe existir una mayor integración en el mercado de trabajo bajo el principio de la libre circulación de mercancías, capitales y personas. Sin embargo, en 1990 se calcula que sólo unos 13 millones de personas de los 346 de su población total (es decir, sólo 4 de cada 100) son extranjeros residentes en los diferentes países, de los que 8 millones vienen de fuera de la propia Unión Europea. En Alemania la proporción supera el 16 por 100 y en España no llega al 1 por 100.

La gran transformación de la economía mundial de los últimos años se encuentra, sin duda alguna, en los movimientos de capitales financieros entre países. Como punto de referencia tengamos en cuenta que el PIB mundial expresado en dólares pudo estar en cerca de 7 billones en 1975 y en unos 23 billones en 1992, según estimaciones del Banco Mundial.

Pues bien, sólo entre los países de la Tríada (Estados Unidos, Unión Europea y Japón) la inversión extranjera directa, es decir, la que se dedica a compras reales de empresas y no de activos financieros, puede superar los 400.000 millones de dólares, algo así como el 2 por 100 del PIB mundial.

Pero es que, además, el flujo total de inversiones hacia los países en vías de desarrollo va aumentando a un ritmo muy fuerte desde finales de los años ochenta y hoy día se acerca a los 180.000 millones de dólares, casi la mitad como inversión extranjera directa de empresas de países industrializados y el resto entre adquisición de acciones o bonos y préstamos bancarios.

Atención a los mercados financieros internacionales

Pero lo más impresionante son las cantidades de dinero que cruzan las fronteras en forma de movimientos financieros de capital a corto plazo, con toma de posiciones en los diferentes mercados financieros internacionales. Este *dinero caliente* no necesita moverse físicamente, sino que responde a simples anotaciones en cuenta y compensaciones contables.

Diariamente, se estima que sólo en el mercado de tipos de cambio se mueven en la actualidad más de un billón de dólares y por encima de 250.000 millones en la compraventa de bonos o acciones. Pero además, el ritmo de crecimiento supera el 20 por 100 anual a precios constantes en el primer caso y el 10 por 100 en el segundo. El cambio ha sido tan radical que hacia el año 1975 las compraventas diarias en el mercado de divisas podían suponer del orden de un octavo de

Flujos de inversión extranjera directa entre los tres grandes (millones de dólares)

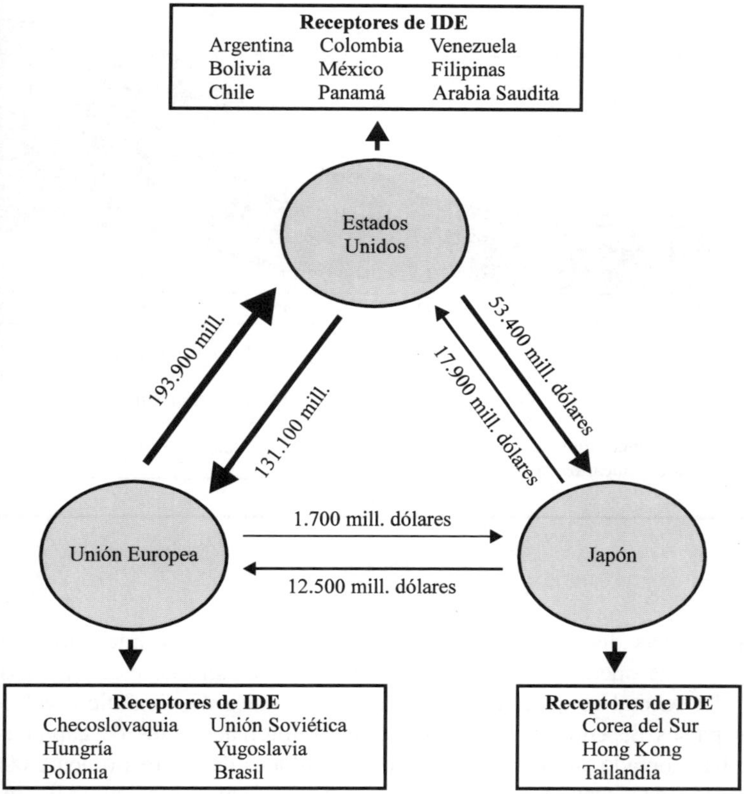

Países donde un miembro de la Tríada representa más de un 50% de la IDE (Inversión Directa Extranjera) en ese país o es el inversor individual más importante con un margen de 10 puntos porcentuales sobre los demás.

Fuente: *The Economist,* incluido en D. Greenaway, «Comercio exterior e inversiones extranjeras directas». *Estudios Económicos,* 1993, núm. 4.

Figura 4.2

Flujos de capital privado hacia países en vías de desarrollo (miles de millones de dólares)

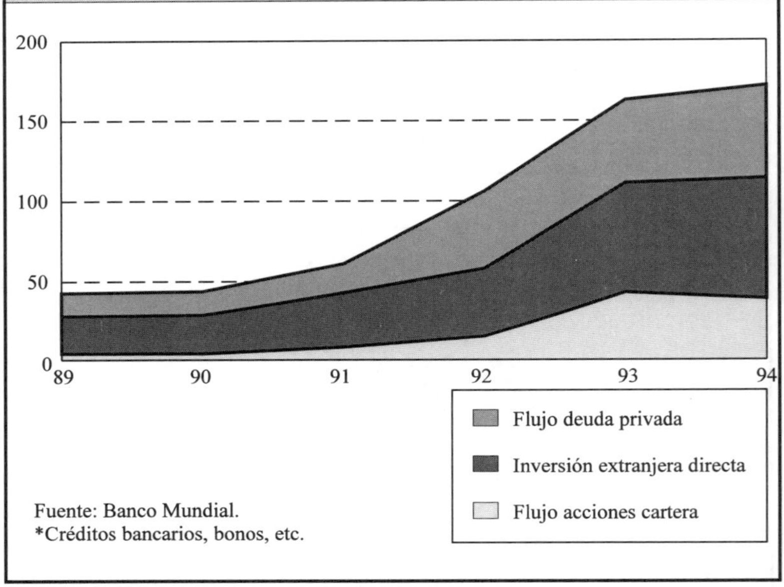

Figura 4.3

las reservas disponibles por los bancos centrales, y veinte años más tarde estas operaciones más que duplican el tamaño de esas reservas.

La verdad es que, de día en día, el crecimiento económico real de los países depende más de los mercados internacionales de capitales. Se ha estimado (McKinsey) en unos 35 billones de dólares (unos 5.000 billones de pesetas) el valor de los activos financieros mundiales en 1992, y se calcula que pueda más que duplicarse esta cifra para el año 2000. Recuerde que el PIB mundial en 1992 se estima en unos 23 billones de dólares; es decir, el valor de lo que se produce en el mundo en un año equivale a sólo dos tercios de los activos financieros. Ya no se trata sólo de financiar en mercados internacionales a empresas, sino también la deuda pública de los Estados, las necesidades de infraestructura de los países «emergentes» y la privatización de las economías «en transición» del Este europeo. Precisamente por ello, la política económica de los gobiernos no tiene sólo que justificarse ante

Volumen diario de operaciones (miles de millones de dólares, 1992)

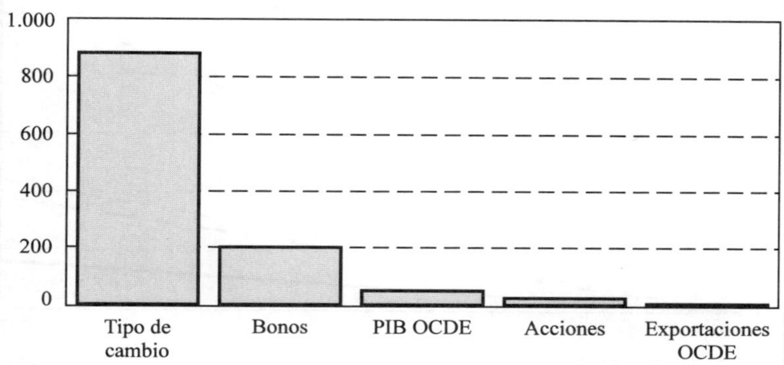

Fuente: *The Economist,* «A Survey of the World Economy», 7 octubre 1995, a partir de información de BIS, Datastream, IMF, McKinsey, MSCI y OCDE.
El PIB de la OCDE calculado en su equivalente diario.

Figura 4.4

sus ciudadanos, sino que debe ser creíble a escala internacional. Porque las instituciones financieras de todo el mundo deciden cada día si es conveniente mantener (y a qué precio) sus inversiones en acciones de empresas españolas o en deuda pública del Estado. Porque, como consecuencia, esos mercados financieros internacionales terminan condicionando nuestros tipos de interés y de cambio, con toda su incidencia sobre los procesos de inversión o sobre el sector exterior.

Además, la economía financiera tiene sus propios criterios de análisis, ampliamente compartidos hoy día por todo tipo de bancos e intermediarios financieros. El centro de atención se sitúa en la evolución en el futuro de los tipos de interés. A su alrededor, ocupan lugar preferente todos aquellos aspectos que inciden en el precio del dinero, en particular inflación, endeudamiento público y déficit exterior. Pero los mercados financieros internacionales se dedican a buscar indicadores adelantados de la posible marcha futura de todas estas cuestiones, en una competitividad creciente por avisar a los ahorradores de cuándo deben entrar o salir de determinados mercados locales. Por eso, una cifra alta de crecimiento o de creación de empleo puede ser *descontada* negativamente por los principales *brokers* internacionales, pensando que esa mayor actividad va a tensionar al alza precios y tipos de interés.

Crecimiento medio anual 1980-1992 del volumen de operaciones (deflactado por el IPC)

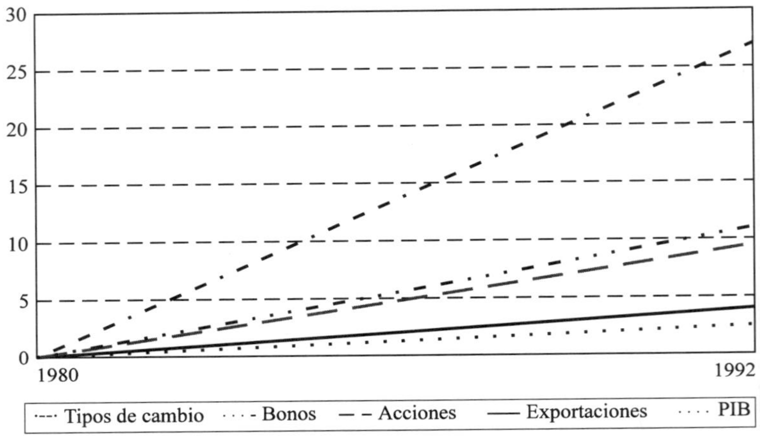

Fuente: *The Economist,* «A Survey of the World Economy», 7 octubre 1995, a partir de información de BIS, Datastream, IMF, McKinsey, MSCI y OCDE.

Figura 4.5

TABLA 4.5

Las diez grandes empresas norteamericanas de intermediación financiera a través de cartera de valores

	Capital (miles de millones de dólares)	Empleados
Merrill Lynch	20,7	43.800
Salomon Inc.	16,1	8.600
Lehman Brothers	14,7	8.500
Morgan Stanley	12,1	9.600
Bear Stearns	5,8	7.600
CS First Boston	5,6	6.000
Goldman Sachs	4,8	8.200
Paine Webber	4,1	14.500
Smith Barney	2,3	28.000
Donaldson, Lufkin & Jenrette	1,8	4.600

Fuente: *The Economist,* «A survey of Wall Street», 15 abril 1995, a partir de los informes disponibles de las empresas y Datastream.

Aprendamos todos a respetar los criterios de eficiencia de los mercados de capitales, aunque muchos no los aceptemos como norma única o predominante en la dirección de una empresa o de la economía de un país.

La economía del sube y baja

Siempre ha sido verdad que la economía de cualquier país del mundo ha estado condicionada por todo tipo de acontecimientos socio-políticos y por el propio funcionamiento de las economías de otros países. Pero la importancia de estos condicionantes va progresivamente en aumento. Hoy día, la economía es más global en producción, mercados o financiación. Pero también más libre para «deslocalizar» empresas y, sobre todo, para retirar capitales a los primeros síntomas de mala gestión económica, inestabilidad social o ingobernabilidad política.

Podemos querer verlo o no. Pero cada nuevo día que amanece hay una especie de plebiscito internacional que establece el grado de confianza relativa que merece cualquier país y que considera aspectos tan variados como el funcionamiento de las instituciones, la corrupción o la desregulación de mercados, hasta llegar a detalles sobre inflación, déficit público o comercial, tipos de interés o tipos de cambio.

Aparte ya del humor con que se levanten cada mañana los ciudadanos de a pie, los políticos de a caballo y los empresarios todo-terreno, hay que encender rápidamente la radio y leer ávidamente la prensa para ver cómo anda la temperatura nacional. Pero ya no basta con comprobar que ese día todo parece en orden de fronteras para dentro. Es fundamental saber si ha aparecido alguna noticia o comentario en el *Financial Times, Le Monde, The Economist...* u otros periódicos o revistas de prestigio internacional.

Pero, ¡atención a otras informaciones clave! ¿Tiene usted su fax preparado para recibir las recomendaciones de los *brokers* financieros internacionales o las filtraciones de quien las recibe habitualmente? ¿Qué opinan *Goldmand Sachs, Merrill Lynch, Lehman Brothers Paribas* o *Standard & Poor's?* Y no se quede sólo mirando el informe para España, atienda a los movimientos relativos con respecto a otros países. En el mundo actual no basta con trabajar con niveles o tasas, hay que pensar en términos de «diferenciales», matizar con el *zoom* de los «puntos básicos» y, encima, apostar por el futuro.

Ya tenemos los ingredientes básicos de la «economía del sube y baja», como denomina despectivamente Paul Krugman, en su último libro (*Vendiendo prosperidad,* Ariel, 1.ª ed., noviembre 1994), a las opiniones y predicciones de los comentaristas económicos del día a día.

Porque el problema no es que la economía, en sus muy diversos aspectos, presente movimientos permanentes, e incluso bruscos, de alzas y caídas. La verdadera dificultad está en asimilar con criterio la amplia y contradictoria información disponible para sacar conclusiones y reglas de conducta relativamente estables. Mucha de la inestabilidad que se observa en el momento actual no está ya en los acontecimientos sino en la propia inseguridad del observador que cambia sus posiciones, sobre cuestiones básicas, con el espíritu asustadizo del que no tiene convicciones de nada y simplemente trata de correr (por si acaso) más que los demás, aunque no sepa hacia dónde va. Rectificar es de sabios; cambiar de opinión cada día es carecer de ella.

XXI

5 Las diversas fases de la construcción europea

Los primeros pasos

En los años posteriores a la Segunda Guerra Mundial se ponen las bases de lo que hoy día constituye la Unión Europea. La administración de los recursos para la reconstrucción europea que aporta el Plan Marshall estimula la puesta en marcha de organismos de cooperación. La Comunidad Europea del Carbón y del Acero (CECA) y la Unión Aduanera de Bélgica, Holanda y Luxemburgo (Benelux) son los dos antecedentes más significativos.

TABLA 5.1

Cronología de los acontecimientos que constituyen la génesis de la Comunidad Europea	
1948	Se constituye en París la Organización Europea de Cooperación Económica (OCDE), órgano encargado de la distribución de la ayuda del Plan Marshall concedida por Estados Unidos a los estados europeos (toda Europa Occidental, con la excepción de Finlandia y España). Primera integración de tres países europeos (Bélgica, Holanda y Luxemburgo) en una Unión Aduanera supranacional, el Benelux, que se ha calificado de *laboratorio del Mercado Común Europeo.*
1949	El responsable de la Agencia Norteamericana encargada de la ayuda a Europa (European Cooperation Administration) pide a los países europeos que tiendan a formar «un único y gran mercado», cooperando entre sí, suprimiendo tarifas arancelarias, contingentes y barreras monetarias.
1951	Se firma el Tratado de París que da origen a la Comunidad Europea del Carbón y del Acero (CECA), en que se integran como miembros Alemania, Francia, Italia y el Benelux y que inicia sus actividades el 25 de julio de 1952.

	La propuesta inicial fue hecha en mayo de 1950 por Robert Schuman, ministro francés de Asuntos Exteriores y la conferencia preparatoria del Tratado fue presidida por Jean Monnet, considerado el *padre de la integración* europea. Se constituye una Asamblea parlamentaria europea con representantes de los diferentes Parlamentos nacionales, que ejerce el control político sobre la Alta Autoridad (el órgano ejecutivo de la CECA).

Desde que en 1957 los seis países integrantes de la CECA deciden dar el paso adelante para constituir la Comunidad Económica Europea (CEE), diferentes ampliaciones geográficas y de contenidos han dado lugar a la actual Unión Europea de quince países.

TABLA 5.2

Países integrantes de la Unión Europea	
1957	Los seis fundadores: Alemania, Francia, Italia, Bélgica, Holanda y Luxemburgo.
1972	Primera ampliación a nueve: entran Reino Unido, Dinamarca e Irlanda.
1979	Segunda ampliación a diez: entra Grecia.
1986	Tercera ampliación a doce: entran España y Portugal.
1994	Cuarta ampliación a quince: entran Suecia, Finlandia y Austria.

Pero además de la difusión geográfica, la Unión Europea va apuntando cada vez más alto en cuanto a objetivos. En 1957 se trataba fundamentalmente de caminar hacia una Unión Aduanera, a alcanzar en el plazo, relativamente amplio, de doce años. Sin embargo, un breve recorrido apresurado del período previo al de inicio de nuestro período de análisis pone de manifiesto que en los 18 años que transcurren entre 1958 y 1975 ocurrieron realmente muchas cosas que forman parte, hoy día, de nuestra historia reciente como europeos: se crean instituciones como el Parlamento Europeo o el Tribunal de Justicia; se definen políticas de actuación en temas claves como la agricultura; se crean mecanismos para tratar de evitar fluctuaciones excesivas, como la serpiente de tipos de cambio; se establecen los primeros acuerdos de colaboración con países externos a la Comunidad, como se hace con diversos países mediterráneos.

TABLA 5.3

Cronología 1957-1974 de acontecimientos en relación con la Comunidad Económica Europea	
1957	Los seis países que integran la CECA (Alemania, Francia, Italia, Bélgica, Holanda y Luxemburgo) firman el 25 de marzo de 1957 el Tratado de Roma, constitutivo de la Comunidad Económica Europea (CEE). En el mismo se establecen tres etapas de cuatro años cada una para alcanzar la plena Unión Aduanera en 1969. Por el tratado EURATON se establece un acuerdo de cooperación entre las industrias de energía nuclear.
1958	Se constituye el Tribunal de Justicia para las tres comunidades existentes: CEE, CECA y EURATON.
1959	Por el Tratado de Estocolmo se crea la EFTA (European Free Trade Asociation) con la finalidad de constituir una zona europea de libre comercio. Aparte de los países que han ido integrándose en las sucesivas ampliaciones de la Unión Europea, forman parte de la misma Noruega, Islandia y Suiza.
1961	Fracasan los dos planes Fouchet para derivar la CEE hacia una unión política de los seis estados miembros.
1962	La Asamblea parlamentaria pasa a denominarse *Parlamento Europeo*. Se presenta el Primer Plan Mansholt, que establece las líneas básicas de la Política Agraria Común (PAC). Se crea el Fondo Europeo de Orientación y Garantía Agrícolas (FEOGA).
1965	Por el llamado Tratado de Bruselas o de *fusión de los ejecutivos* se acuerda una acción unificada del Consejo (representantes de los Gobiernos de los países miembros) y de la Comisión (responsables comunitarios).
1968	Con un adelanto de 18 meses sobre lo inicialmente previsto entra en vigor la Unión Aduanera, con supresión total de tarifas arancelarias entre los seis países miembros, el 1 de julio de 1968. Segundo Plan Mansholt para la agricultura.
1972	Primera ampliación de la CEE de seis a nueve miembros con la entrada del Reino Unido, Dinamarca e Irlanda. Por el Acuerdo de Basilea se establece un sistema de fluctuación de las monedas de los países de la CEE limitada al ±2,5 por 100. Empieza a funcionar el sistema de *serpiente de tipos de cambio*. Se inician una serie de acuerdos de colaboración con los países mediterráneos. Dos años antes se había ya firmado un Acuerdo Preferencial con España.

A partir de 1975 la transformación se va acelerando sucesivamente. En 1978 se establece el Sistema Monetario Europeo. En 1986 se firma el Acta Única Europea. En 1992 se firma el Tratado de Maastricht.

De la Comunidad a la Unión

Desde el Tratado de Roma de 1957, habían pasado 21 años antes de que se estableciese el Sistema Monetario Europeo y 29 años antes de la aprobación del Acta Única Europea, primera transformación radical de la CEE. Sólo seis años después llega la Unión Europea.

TABLA 5.4

Los tres sucesivos proyectos de la Unión Europea			
Fecha	1957	1986	1992
Lugar	Roma	Luxemburgo	Maastricht
Nombre	CEE	Acta Única Europea	Unión Europea o CE
Objetivo	Mercado común = = Unión Aduanera	Mercado interior	Unión Económica y Monetaria (UEM). Unión Política
Horizonte	1969 (3 etapas de 4 años)	31-12-92	Primera fase: hasta 31-12-93 Segunda fase: 1-1-94 a 1-1-99 Tercera fase: 1-1-99 a 1-7-2002

La magnitud del cambio puede deducirse incluso comparando las dos versiones del artículo 2 referido a los principios constitutivos. El *mercado común* se ha convertido en *unión económica y monetaria* y se insiste, a este nivel de grandes principios, en *políticas comunes, desarrollo equilibrado, crecimiento sostenible y no inflacionista, convergencia de resultados económicos...*

Textos del artículo 2 de los Estatutos de la CEE (1957) y de la UE (1992)	
CEE (1957)	
Art. 2.	La Comunidad tendrá por misión promover, mediante el establecimiento de un mercado común y la progresiva aproximación de las políticas económicas de los Estados Miembros, un desarrollo armonioso de las actividades económicas en el conjunto de la Comunidad, una expansión continua y equilibrada, una estabilidad creciente, una elevación acelerada del nivel de vida y relaciones más estrechas entre los estados que la integran.
UNIÓN EUROPEA (1992)	
Art. 2.	La Comunidad tendrá por misión promover, mediante el establecimiento de un mercado común Y DE UNA UNIÓN ECONÓMICA Y MONETARIA Y MEDIANTE LA REALIZACIÓN DE LAS POLÍTICAS O ACCIONES COMUNES, un desarrollo armonioso Y EQUILIBRADO de las actividades económicas en el conjunto de la Comunidad, UN CRECIMIENTO SOSTENIBLE Y NO INFLACIONISTA QUE RESPETE EL MEDIO AMBIENTE, UN ALTO GRADO DE CONVERGENCIA DE LOS RESULTADOS ECONÓMICOS, UN ALTO NIVEL DE EMPLEO Y DE PROTECCIÓN SOCIAL, LA ELEVACIÓN DEL NIVEL Y DE LA CALIDAD DE VIDA, LA COHESIÓN ECONÓMICA Y SOCIAL Y LA SOLIDARIDAD ENTRE LOS ESTADOS MIEMBROS.

Es importante recordar, sin embargo, que la Unión Económica y Monetaria (UEM) era ya un concepto incorporado al Acta Única Europea (Título II, Capítulo 1, «Cooperación en materia de política económica y monetaria, UEM»), aunque su desarrollo se limitaba a política comercial (artículos 110-116), una referencia inconcreta a política de coyuntura (artículo 103) y la exigencia a cada país miembro de «garantizar el equilibrio de su balanza global de pagos y mantener la confianza en su moneda, procurando asegurar un alto nivel de empleo y la estabilidad del nivel de precios» (artículos 104 a 109).

El Acta Única ha sido calificada por el propio Jacques Delors como una «revolución tranquila» para alcanzar a fecha fija (finales de 1992) «un espacio único, común a 320 millones de personas, libre de los múltiples obstáculos a los intercambios y a la cooperación entre los doce estados».

En 1988, el presidente Delors escribía unas frases que es interesante releer ahora, con el Tratado de la Unión ya en marcha:

«Recuerdo mis dudas al hacerme cargo de la Presidencia de la Comisión de las Comunidades Europeas, en enero de 1985. ¿Había que lanzarse a una reforma institucional y política de la Comunidad o bien proponer con carácter prioritario la unificación monetaria, o incluso movilizar a los europeos en temas como el de su seguridad y su defensa? Sin embargo, por múltiples razones relacionadas con las competencias limitadas de la institución europea, y después de haber sometido a prueba todos los proyectos de relanzamiento ante los Gobiernos de los Estados Miembros, escogí, con arreglo a los principios de los que Jean Monnet era ferviente partidario, establecer un objetivo movilizador y fijar un calendario para su logro»[1].

Unos años más tarde, Maastricht señala el relevo de un objetivo concreto y a fecha fija (el mercado único), por una diversidad de objetivos, vinculados a una unión política, económica y monetaria, con contenidos y fechas sólo parcialmente determinados.

Centrándonos en la UEM, son suficientemente conocidos los criterios de convergencia en cuanto a inflación, tipos de interés y déficit público (artículos 3A, 104C, 109J y protocolos sobre el «Procedimiento aplicable en caso de déficit excesivo» y sobre «Criterios de Convergencia», resumidos en la tabla 5.5).

Antes del 1 de enero de 1994 la Comisión debía realizar un informe en que «evaluará los progresos realizados en materia de convergencia económica y monetaria, en particular respecto a la estabilidad de precios y a la solidez de las finanzas públicas, así como el progreso realizado en la aplicación de la legislación comunitaria sobre el mercado interior». Para preparar esa primera evaluación, los Estados Miembros podían plantear, si lo consideraban necesario, programas plurianuales destinados a garantizar una convergencia duradera.

Antes del 31/12/96 se realizaría una evaluación final sobre la convergencia alcanzada por los diferentes Estados Miembros. En el informe, la Comisión considerará el cumplimiento de los criterios cuantitativos establecidos, pero también podrá valorar otros aspectos tales como la tendencia en la reducción del déficit público o su justificación en términos de inversión.

---

[1] Prólogo al libro de Paolo Cecchini, *Europa 1992: una apuesta de futuro,* Alianza Editorial, Madrid, 1988.

TABLA 5.5

Criterios de convergencia			
Variable	**Discrepancia máxima**	**Referencia**	**Fecha**
Precios (IPC)	+1,5%	Tres países con mayor estabilidad en precios	T – 1 año
Tipo de cambio	±2,25% (ampliado al ±15%)	SME	T – 2 años
Tipos de interés (nominal a largo plazo)	+2%	Tres países con mayor estabilidad en precios	T – 1 año
Déficit público	3% s/PIB	País	T
Deuda pública	60% s/PIB	País	T
T = Fecha del examen para los informes preceptivos de la Comisión y el Instituto Monetario Europeo (IME).			

Aquellos estados que no cumplan las condiciones necesarias pasarán a la categoría de «Estados Miembros acogidos a una excepción», y sus derechos de voto quedarán suspendidos en las decisiones del Consejo vinculadas a la UEM (artículo 109K).

TABLA 5.6

Calendario de la transición hacia la UEM (según el Tratado de Maastricht)	
Fecha	**Actuación**
Antes 1-1-94	Puesta en marcha del Programa de Convergencia. Primera evaluación sobre progresos realizados en convergencia. Comité Monetario. Fondo Cohesión.

1-1-94	Instituto Monetario Europeo (IME).
Antes 31-12-96	Evaluación final sobre convergencia.
A partir 31-12-96 y antes 1-1-99	Sistema Europeo de Bancos Centrales (SEBC). Banco Central Europeo (BCE). Comité Económico y Financiero (en sustitución del Comité Monetario).

El calendario inicialmente previsto, se ha adaptado y concretado en la pasada Cumbre de Madrid:

Calendario de la Cumbre de Madrid	
Principios de 1998	Se decide qué países pasan a la fase III de la Unión Monetaria (la «criba»).
1-1-1999	Se establecen tipos de cambio fijo para las monedas de los países que entren en esa fase III.
1-1-2002	Empieza a circular el *euro* como moneda propia de la Unión Europea y única para todas las operaciones de las Administraciones Públicas.
1-7-2002	Dejan de existir todas las monedas de los países que han entrado en la Unión Monetaria plena y las operaciones financieras de todo tipo se realizan en euros.

TABLA 5.7

Cronología 1975-1995 de los principales acontecimientos en relación con la Unión Europea	
1975	Se crea el Tribunal de Cuentas para controlar la *buena gestión y legalidad financiera* de ingresos y gastos gestionados por las Comunidades.
1978	Los países miembros de la CEE (excepto Reino Unido) acuerdan que sus monedas entren en el Sistema Monetario Europeo (SME), que se pone efectivamente en funcionamiento en marzo de 1979.

1979	Segunda ampliación de la CEE de nueve a diez miembros, con la inclusión de Grecia.
1983	Tras haber ampliado las zonas pesqueras del Atlántico hasta las 200 millas y con grandes dificultades para llegar a acuerdos en la asignación de cuotas, se aprueba el 25 de enero de 1983 la Política de Pesca Común (PPC).
1984	Los países de la CEE establecen un acuerdo de colaboración (la Convención de Lomé) con los países de África, Caribe y Pacífico *(países ACP)*, con los que habían tenido una antigua relación colonial.
1986	Tercera ampliación de la CEE de diez a doce miembros, con la inclusión de España y Portugal. Se firma en Luxemburgo el Acta Única Europea cuya finalidad es conseguir un Mercado Común con libre circulación de bienes, personas y capitales a partir, como fecha límite, del 31 de diciembre de 1992.
1989	En la Cumbre europea de Madrid se presenta el *Informe Delors* sobre la Unión Monetaria, cuya primera fase se acuerda iniciar a mediados de 1990.
1990	En la Cumbre europea de Roma se confirma el inicio irreversible de la unión política, económica y monetaria, aunque se retrasa el plazo de entrada en vigor de la moneda única de 1997 a 1999.
1992	En la Cumbre europea de Maastricht se firma el Tratado que establece los criterios de convergencia y el calendario inicial. La Comunidad Europea y la EFTA (European Free Trade Asociation) acuerdan la creación del Espacio Económico Europeo, en que se integran los doce países que en esa fecha constituyen la Comunidad, más los siete de la EFTA (Noruega, Suecia, Finlandia, Islandia, Austria y Suiza).
1993	El primero día del año entra oficialmente en vigor el Mercado Único Europeo o Unión Europea (UE). Las fuertes tensiones observadas en los mercados de cambio llevan a ampliar las bandas de fluctuación del SME al ±15 por 100. Entra en pleno vigor el Tratado de Maastricht el 1 de noviembre de 1993, tras diversas dificultades para su aprobación por los Parlamentos de los países miembros.
1994	Se crea el Instituto Monetario Europeo, con lo que se inicia la fase II de la Unión Monetaria Europea (UME).

	Se amplía la UE de 12 a 15 miembros, con la inclusión de Suecia, Finlandia y Austria.
1995	En la Cumbre europea de Madrid se aprueba el calendario definitivo para la moneda única: Principios de 1998: la «criba» de países que pasan a la tercera fase; 1-1-1999: tipos de cambio irrevocables pero con circulación de billetes nacionales; 1-1-2002: comienzan a circular los nuevos billetes y las operaciones de las Administraciones Públicas se realizan en *euros;* 1-7-2002: sustitución de monedas nacionales por euros.
1996	La Cumbre de Dublín confirma el calendario acordado y añade el compromiso de un Pacto de Estabilidad por el que los esfuerzos de reducción del déficit deben continuar más allá de 1998 con cláusulas de penalización en caso de incumplimiento.

XXI 6 Costes y beneficios de la marcha hacia una Europa unida

La Europa de los Quince, primera potencia económica mundial

Últimas estimaciones disponibles de la OCDE: el PIB de la UE-15 supera en un 10 por 100 al de Estados Unidos, expresado en una moneda común, con lo que la Unión se convierte en la primera potencia económica mundial, con un mercado interior de 370 millones de consumidores.

TABLA 6.1

Las grandes cifras de la Tríada

	PIB (miles de millones de dólares)	Población (millones de habitantes)	Superficie (miles de km^2)
UE-15	6.898	369	3.560
EE.UU.	6.260	257	9.373
Japón	4.190	125	372

Fuente: OCDE y Banco Mundial. Datos referidos a 1993.

Aparte de las propias ventajas de una economía de gran escala, los estudios realizados por la propia Comisión de las Comunidades Europeas sobre efectos de mercado interior y de la UEM tratan básicamente de valorar los costes de la «no-Europa», es decir, cuantifican los beneficios de la nueva situación según los costes que la situación actual evita. Con divergencias inevitables entre los diferentes cálculos realizados, todos ellos conducen a una significativa mejora del ritmo de crecimiento del conjunto de países de la Unión.

La Europa de la Unión

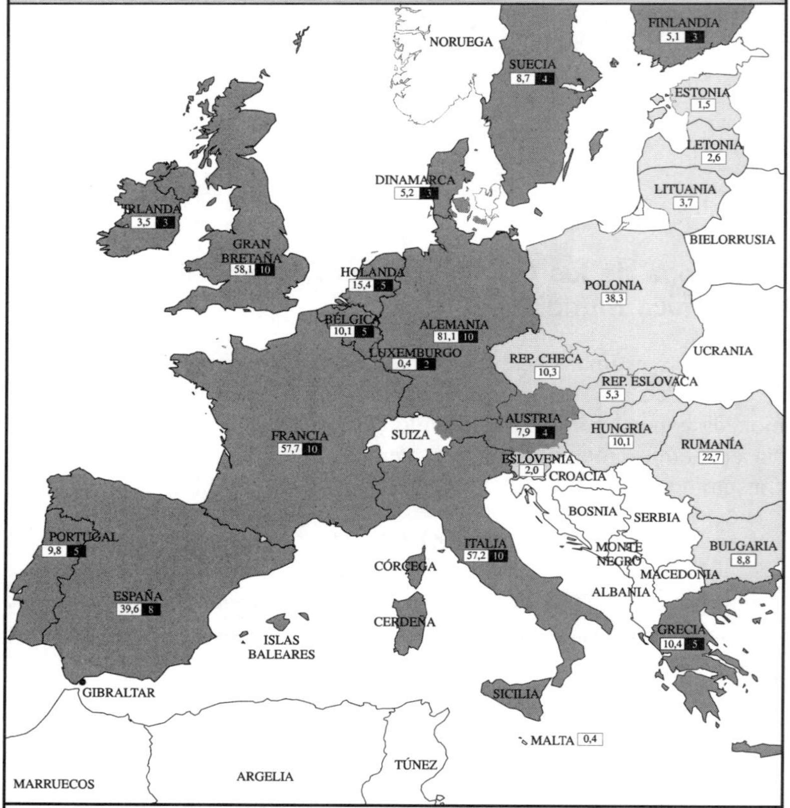

Miembros de la Unión Europea.

Acuerdos de ingreso negociados.

0,0 Población en millones de habitantes, 1994.

0,0 Votos en el Consejo de Ministros.

FUENTE: *The Economist,* marzo-abril, 1996.

Figura 6.1

La eliminación de los costes de la «no-Europa»

Las teóricas consecuencias a medio plazo de la integración en un Mercado Único se han valorado en los informes Cechini o Catherwood[1]. Según el primero, la integración permitiría ahorrarse unos 216.000 millones de ecus, es decir, un 4,5 por 100 sobre los 4.850 miles de millones del PIB comunitario en 1990. Estas mejoras de potencialidad de crecimiento se diluirían entre varios años, según se fueran percibiendo los efectos de economías de escala y competencia (+2,1 por 100), ahorro de costes de servicios financieros (+1,5 por 100), menores costes por trámites aduaneros (+0,4 por 100) o ahorro en compras públicas (+0,5 por 100). El informe de la comisión Catherwood, por su parte, revisa los anteriores cálculos y añade los efectos positivos que se derivan de la unión monetaria y de la reforma de la PAC, estimando unos efectos totales entre los 120.000 y los 170.000 millones de ecus, es decir, entre un 2,5 y

TABLA 6.2

Tipo de ventajas derivadas de eliminar los costes de la «no-Europa»
A) *Mercado interior*
A.1. Economías de escala.
A.2. Mejoras de competitividad.
A.3. Ahorro costes servicios financieros.
A.4. Ahorro costes trámites aduaneros.
A.5. Ahorro en compras públicas.
B) *UEM*
B.1. Eliminación costes de operaciones en divisas.
B.2. Reducción de la «incertidumbre nominal».
B.3. Menores costes financieros (tipos de interés más reducidos).
B.4. Refuerzo de un mercado único.
B.5. Gestión unitaria de temas económicos y políticos (por ejemplo, defensa).

[1] Cechini, P.: *Europa 1992: Una apuesta de futuro*. Alianza Editorial, 1988. Informe Catherwood sobre «las consecuencias institucionales del coste de la no-Europa», en *Los efectos del Mercado Único Europeo*, Instituto de Estudios Económicos, 1988.

un 3,5 por 100 del PIB de 1990. Sólo la eliminación de costes por operaciones en divisas se estima en un 0,5 por 100 del PIB de la CE[2].

Al unir a las ventajas del Mercado Único las de la Unión Económica y Monetaria, se amplían nuevamente —según los estudios técnicos de la propia Comisión— las posibilidades de crecimiento de todos los países miembros. Los doce países hoy día en la Unión Europea crecieron en la época dorada de los años previos a la crisis energética (1960-1973) a una media cercana al 5 por 100 anual, que podría considerarse su potencial en aquel momento. Estudios más recientes han situado su crecimiento potencial alrededor del 3 por 100 para las décadas de los setenta y ochenta. A finales de 1990 un estudio interno de la Comunidad *(Perspectives et potenciels de croissance dans la Communauté au seuil des années 90)* consideraba como punto de referencia una proyección tendencial de crecimiento por encima del 3 por 100 de media para el período 1990-1994. Además, «la culminación de este proceso (la Unión Económica y Monetaria) debería permitir liberarse a todos los países miembros de restricciones exteriores y/o presupuestarias que pesan todavía sobre su crecimiento y llevar a una aceleración suplementaria del crecimiento tendencial del 3 al 3,5 por 100 en 1991-1995 y del 3,5 al 4 por 100 en 1995-2000».

La obstinada realidad, sin embargo, nos avisa de que algún elemento debió de olvidarse al echar cuentas. Los diferenciales respecto al crecimiento potencial no sólo se observan de forma sistemática en los años de acontecimientos excepcionales (alrededor de los dos choques del petróleo), sino que se repiten sistemáticamente durante los años noventa.

TABLA 6.3

Tasas de crecimiento potencial y real para el conjunto de la Unión Europea

Período	Potencial	Real
1960-1973	5	4,8
1973-1983	3	2,0

[2] «One Market One Money. An evaluation of the potential benefits and cost of entry into EMU», *European Economy,* octubre 1990.

1983-1991	3	2,7
(1983-1986)		(2,4)
(1986-1991)		(3,0)
1991-1995	3,5	1,5
(1991-1993)		(0,7)
(1993-1995)		(1,6)
1995-2000	4	—

Fuente: Elaboración propia, según datos de *Économie Européenne* y *Estadísticas Retrospectivas de la OCDE.*

Potencialidad y crecimiento real en la UE-15
(% variación del PIB en precios constantes)

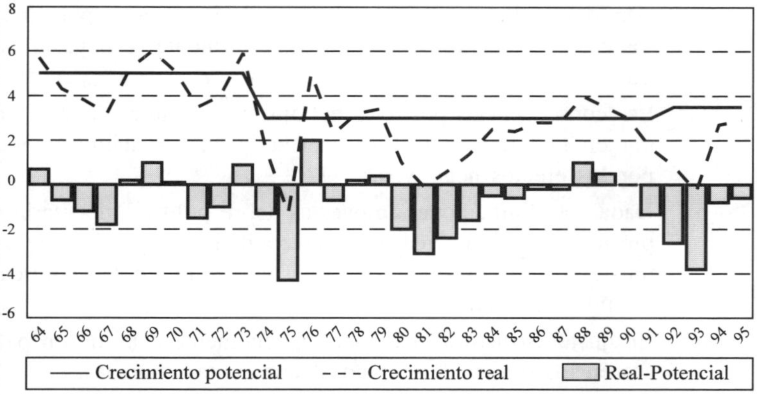

Fuente: OCDE y elaboración propia.

Figura 6.2

Los costes a corto plazo del «sí-Europa»

La Unión Europea es una gran idea de futuro que puede marcar el devenir de este viejo continente. Pero una visión con perspectiva suficiente no puede dejar de constatar que, posiblemente, una serie de errores en cadena están provocando, en los años noventa, críticas técnicas al proceso seguido, reacciones populares en contra y variantes muy diversas del *«homo-euroescépticus»*.

En noviembre de 1992, en plena crisis económica de los países de la Unión Europea, apuntaba personalmente algunas razones de ese posible europesimismo[3]:

1.º Como todo proceso de corrección de desequilibrios (en particular, menor inflación y reducción del déficit público), exige políticas de ajuste, de saneamiento, con reducción de crecimiento, menor creación de empleo, etc.

2.º Las expectativas creadas en los agentes económicos han sido negativas sólo con anunciarse los programas de convergencia, incluso antes de aplicarse.

3.º Los sucesos de realineamiento e incluso abandono de ciertas monedas, dentro del SME, incrementaron la «incertidumbre nominal» y llevaron al alza los tipos de interés y, por tanto, los costes financieros, aunque posteriormente se haya invertido el proceso.

4.º Las consecuencias positivas del ajuste estructural pueden tardar en materializarse, viéndose eclipsadas transitoriamente por los efectos negativos.

5.º Dadas las limitaciones impuestas sobre política monetaria y presupuestaria, la tarea de crear condiciones que favorezcan un desarrollo equilibrado recae, sobre todo, en las políticas de ajuste estructural.

6.º El ajuste estructural debe ser especialmente acusado en países en los que el desempleo alcanza cotas elevadas.

7.º La competencia se intensificará con la realización del mercado interior y la sistemática reducción de las barreras. Las empresas europeas deben estar preparadas para esa mayor competencia, que ya ha generado una ola de fusiones dentro de la Comunidad.

8.º Ya entonces se vislumbraba la posibilidad de que la UEM pudiera imponer a los estados miembros más pobres unas limitaciones que entorpeciesen sus esfuerzos por conseguir un

---

[3] Conferencia ante el Pleno del Consejo Superior de Cámaras de Comercio, Industria y Navegación de España, 26 noviembre de 1992.

crecimiento más rápido que el de las regiones centrales de la Comunidad.

9.º Aproximadamente un tercio de las ramas industriales de la Comunidad aparecen como especialmente vulnerables ante el reto del Mercado Único y la UEM. En particular, sectores dependientes de la contratación pública (telecomunicaciones y equipos ferroviarios) o que han mantenido obstáculos no arancelarios (industria agroalimentaria, textil, calzado y vestido, ingeniería mecánica e industria química básica).

10.º En algunos sectores (como los dependientes de la contratación pública), «se espera la adquisición de empresas nacionales de países meridionales por los principales productores del norte (...), lo que contribuirá a la modernización de la capacidad de producción, aunque quizá vaya acompañado de algunas pérdidas de empleo».

Ahora, en tiempos de mucho mayor optimismo *euroconvergente,* no hay que perder la perspectiva histórica de los hechos.

En 1957 un grupo reducido de políticos de seis países europeos con visión de futuro crea la Comunidad Económica Europea. Con prudencia, establecen un período transitorio de 12 años para conseguir la simple unión aduanera. Se potencia así un núcleo comercial centroeuropeo, que además se declara abierto a nuevos países.

En 1986, cuando se incorpora España, ya son doce los países que integran un esperanzador proyecto europeo cuyo objetivo, en un plazo adicional de seis años, es conseguir un mercado único con libre circulación de bienes, capitales y personas. Para nuestro país es una oportunidad histórica de abrir la economía a la competencia internacional e integrarse en los circuitos financieros mundiales. El coste es importante en términos de reconversión de ciertos sectores, pero forma parte del peaje inevitable para entrar en la vía rápida hacia una economía moderna con futuro. Eso sí, tanta reconversión y mejoras de competitividad conducen a iniciar nuestra andadura comunitaria con tres millones de parados. Pero en aquellas fechas, los europeos éramos optimistas con una valoración exagerada de los beneficios del mercado único (eliminación de los costes de la no-Europa) que iban a permitir mayor crecimiento y más empleo para todos. En España éramos aún más optimistas, ya que nuestra potencialidad de crecimiento estaba al menos un punto por encima de la media europea, la inversión internacional se dirigía a España, la peseta era una moneda fuerte y nos encaminábamos con la cabeza muy alta hacia los míticos acontecimientos del 92.

Pero por debajo de esta bucólica visión de la realidad se iban acumulando algunos problemas. Los países europeos, en su conjunto, estaban viviendo por encima de sus posibilidades disfrutando de un Estado de Bienestar, unos servicios públicos y unas infraestructuras que no pagaban con impuestos sino recurriendo año tras año a los mercados internacionales de capitales (y al ahorro privado de sus ciudadanos). Alemania estaba inmersa en una operación de futuro (la reunificación) que justifica el descuidar momentáneamente su tradicional ortodoxia económica.

En 1992, los eurofuncionarios consiguen «vender» a los grandes líderes europeos un proyecto especialmente ambicioso de Unión Económica y Monetaria (UEM) y un inicio de Unión Política. Se acepta la idea de que profundizar en la integración europea exige una moneda única y que ésta sólo es posible entre países que tengan una estructura común en inflación, tipos de interés y déficit público. Los criterios establecidos en Maastricht olvidan cualquier referencia al crecimiento, el nivel de vida relativo, el desempleo o el grado de desarrollo en infraestructuras. Los criterios son eminentemente monetarios, precisamente porque la convergencia se dirige hacia una moneda única y no hacia un hipotético nivel de vida más homogéneo entre los diferentes países europeos.

Evidentemente, para las regiones menos favorecidas de Europa se aprueban los fondos estructurales y de cohesión, pero su cuantía es demasiado reducida para lograr, por sí, la convergencia real. Converger en inflación con el núcleo más duro de la Unión Europea significa adoptar una política monetaria y de rentas restrictiva, tanto más fuerte cuanto más alejado esté el país del objetivo. Converger en déficit (y deuda pública viva) implica una política fiscal restrictiva, tanto más dura cuanto mayor sea la distancia que se ha de recorrer. La consecuencia prácticamente inevitable de la convergencia, mientras dura el proceso, es un crecimiento relativamente reducido y poca creación de empleo.

Pero mantener una inflación reducida, conseguir tipos de interés bajos y reducir el déficit público son en sí mismos objetivos deseables, se razona. Luego, con Maastricht o sin él, tenemos que hacer lo mismo, se concluye. Además, hay que llegar a cumplir los requisitos en el año 1997, que es el año del examen para entrar en el exclusivo grupo de países que inicien la experiencia de la moneda única. Si no, tendremos una triple penalización: la política de no intervenir en las decisiones; la de los mercados financieros internacionales de elevarnos los tipos de interés; la de la propia Comisión Europea quitándonos parte de los fondos de cohesión.

Sin embargo, no conviene olvidar los riesgos. Esta historia no tiene un final único predeterminado, y ello es así por diversas razones. La primera es que el proyecto europeo es un pacto político permanente entre países en que ni objetivos, ni criterios, ni fechas pueden darse como algo inalterable. La segunda es que la base social del proceso es muy débil: dos tercios de los ciudadanos alemanes no quieren la moneda única; un número creciente de ciudadanos europeos empiezan a dudar de tanto ajuste macroeconómico y a exigir una actuación decidida por el crecimiento y contra el paro. La tercera razón es que hay que valorar las dificultades reales de reducir el déficit público y, además, hacerlo de forma duradera.

En resumen, esto de la convergencia europea es tan importante y tan complejo como para que se merezca hacer muchas cuentas e imaginación. Pero además, con una participación amplia de la sociedad y sin echar siempre sobre las espaldas de Maastricht y la Unión Europea todo lo que pasa y todo lo que hay que hacer. La lluvia es más

Proporción de europeos a favor y en contra de la moneda única europea

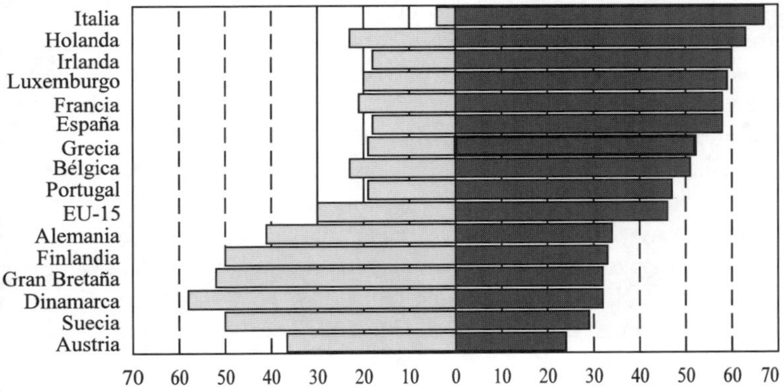

Fuente: *Eurobarómetros,* octubre-diciembre 1995.
Porcentaje excluido «no sabe/no contesta».

En contra
A favor

Figura 6.3

llevadera cuando uno está preparado para recibirla; aunque sea un temporal con fuertes vientos provenientes del norte y centro de Europa.

Por el momento, el eurobarómetro de la Unión Europea recoge una caída continuada desde 1991 de los ciudadanos que apoyan la moneda única hasta sólo un 47 por 100. El 52 por 100 de los entrevistados considera que el euro no ayudará nada a reducir el desempleo; sólo un 37 por 100 cree que ayudará a aumentar el ritmo de crecimiento.

XXI

7 ■ España en el mundo

De peso medio a peso pesado

En términos de extensión geográfica, España es un país relativamente pequeño a escala mundial, aunque supere el tamaño medio de los países europeos. Con sus 500.000 km^2 apenas llega a una cuarta parte de la extensión media de los poco más de 150 países que se reparten el mundo: el 1,5 por 1.000 de la superficie mundial. Sin embargo, para el tamaño europeo, más que duplica la media y ocupa el 14 por 100 del suelo de la actual Unión Europea.

TABLA 7.1

Comparación geográfica

	España	**UE-15**	**Mundo**
Extensión total (miles de km^2)	505	3.560	334.000
Número de países	1	15	154
Extensión media por país (miles de km^2)	505	237	2.169
Porcentaje de España en la extensión total	—	14,2%	0,15%

Fuente: Elaboración propia a partir de datos internacionales recogidos en el Anuario de Economía de 1995 de *Negocios*.

En cuanto a población, con sus cerca de 40 millones de habitantes, somos un país en línea con la media mundial y algo grande para la media europea. Siete habitantes de cada 1.000 del mundo y 11 de cada 100 ciudadanos de la Unión Europea son españoles.

TABLA 7.2

Comparación demográfica			
	España	**UE-15**	**Mundo**
Población total (millones de personas)	39	369	5.500
Población media por país (millones de personas)	39	25	36
Porcentaje de España en la población total	—	10,8%	0,7%

Fuente: Elaboración propia a partir de datos internacionales recogidos en el Anuario de Economía de 1995 de *Negocios*. Datos referidos a 1992.

El peso económico de España, medido a través de su PIB expresado en una moneda común (habitualmente en dólares), nos sitúa como uno de los países más importantes del mundo. Si repasamos los datos del Banco Mundial correspondientes a 1992, vemos que los 575.000 millones de dólares que se asignan a nuestro país lo colocan entre los siete países con mayor PIB. En España se genera, aproximadamente, el 2,5 por 100 de la producción mundial y más del 8 por 100 de la de la Unión Europea. Con unos 15.000 dólares per cápita, el español medio casi cuadruplica la renta media de cualquier ciudadano del mundo, aunque aún se encuentra por debajo del 80 por 100 de la renta media en los países de la UE.

TABLA 7.3

Comparación económica			
	España	**UE-15**	**Mundo**
PIB total (miles de millones de dólares)	575	6.898	23.060

PIB medio por país (miles de millones de dólares)	575	460	150
Porcentaje de España en el PIB total	—	8,3%	2,5%
PIB per cápita (dólares)	14.702	18.693	4.240
Porcentaje de España con relación al PIB per cápita	—	78,6%	346,7%

Fuente: Elaboración propia a partir de datos internacionales recogidos en el Anuario de Economía de 1995 de *Negocios*. Datos referidos a 1992.

La gran carrera

En toda confrontación en movimiento existen desplazamientos de conjunto y variaciones relativas entre los participantes. La mayor o menor pericia de un conductor, junto con la propia calidad del vehículo y mayores o menores dosis de suerte ante obstáculos imprevistos, explican los puestos en que quedan los participantes de una carrera, aunque todos tengan que recorrer un camino muy similar.

Con la economía mundial, la europea y la española ocurre algo parecido. Existen períodos de prosperidad y otros de declive, hay grandes guerras o acontecimientos que a todos nos afectan —aunque a algunos más que a otros— y, a través de los años, unos países van escalando puestos en el bienestar económico mundial y otros van retrocediendo. Todo depende de la velocidad de crucero.

Veamos, si no, la evolución de Europa durante el último siglo y medio, período suficientemente amplio como para poder detectar leyes profundas de comportamiento. Según los datos del cuadro que adjuntamos[1]: 1.º Existen declives históricos de algunos países (por ejemplo, Gran Bretaña) frente al ascenso de otros (por ejemplo, Alemania); 2.º Existen períodos de mayor crecimiento para el conjunto de países (por ejemplo, 1950-1990), en particular respecto a otros períodos en que

[1] Los datos están referidos a PIB por persona, expresado en dólares de Estados Unidos de 1990 y corregidos por «paridad del poder de compra» (PPC). La corrección por la PPC intenta tener en cuenta la distinta capacidad de compra de un dólar, en cada país, según los precios relativos y la composición del gasto por bienes y servicios.

han predominado grandes conflictos militares generalizados (por ejemplo, 1913-1950); 3.º Durante los últimos 40 años se ha producido un proceso de convergencia, con crecimiento más elevado de los países que partían de un nivel más bajo; 4.º Sin embargo, es más dudoso que exista un proceso histórico continuo de convergencia ya que, por ejemplo, España ha tenido una renta por persona equivalente al 50 por 100 del país de mayor renta (Gran Bretaña) durante la segunda mitad del pasado siglo, que se reduce a poco más de un tercio a mediados del presente siglo y mejora hasta los dos tercios del país europeo de mayor nivel de vida en el momento actual (Alemania).

TABLA 7.4

Evolución del PIB por persona en diferentes países europeos (dólares de EE.UU. de 1990, corregidos por PPC y tasas medias anuales de variación)

I. Período 1850-1913 (63 años)

País	1850		1913		1850-1913 Tasa
	Orden	Renta	Orden	Renta	
UK	1	2.241	1	4.804	1,22
NL	2	1.870	3	3.833	1,15
B	3	1.781	2	4.024	1,30
DK	4	1.654	4	3.587	1,24
OST	5	1.608	5	3.436	1,21
F	6	1.475	6	3.360	1,32
I	7	1.462	10	2.347	0,75
S	8	1.335	8	2.970	1,28
D	9	1.257	7	3.245	1,52
E	10	1.195	9	2.407	1,12

II. Período 1913-1950 (37 años)

País	1913		1950		1913-1950 Tasa
	Orden	Renta	Orden	Renta	
UK	1	4.804	1	6.537	0,83
B	2	4.024	5	5.209	0,70
NL	3	3.833	4	5.676	1,07

DK	4	3.587	3	6.221	1,50
OST	5	3.436	8	3.675	0,18
F	6	3.360	6	5.110	1,14
D	7	3.245	7	4.267	0,74
S	8	2.970	2	6.464	2,12
E	9	2.407	10	2.396	–0,58
I	10	2.347	9	3.630	1,19

III. Período 1950-1990 (40 años)

País	1950		1990		1950-1990 Tasa
	Orden	Renta	Orden	Renta	
UK	1	6.537	9	15.720	2,22
S	2	6.464	3	16.867	2,43
DK	3	6.221	4	16.765	2,51
NL	4	5.676	8	15.766	2,59
B	5	5.209	6	16.405	2,91
F	6	5.110	2	17.431	3,12
D	7	4.267	1	18.291	3,70
OST	8	3.675	5	16.620	3,84
I	9	3.630	7	16.021	3,78
E	10	2.396	10	11.733	4,05

Fuente: Los datos de renta están tomados del trabajo de L. Prados de la Escosura, T. Dabán y J. C. Sanz, *De te fabula narratur? Growth, structural change and convergence in Europe, 19th-20th Centuries*. Dirección General de Planificación, diciembre 1993. Según los propios autores, la fuente originaria es: A. Maddison, *Dynamic forces in capitalist development*, Oxford, 1991.

UK = Gran Bretaña; NL = Holanda; B = Bélgica; DK = Dinamarca; OST = Austria; F = Francia; I = Italia; S = Suecia; D = Alemania; E = España.

Mirando con más detalle los últimos 30 años, vemos que es precisamente cuando empieza nuestro período de análisis, cuando más cercanos hemos estado del nivel medio de vida europeo. Las sucesivas crisis energéticas y la propia transición política y económica hicieron que España creciese por debajo de la media comunitaria. Los años posteriores de recuperación de la economía mundial y de integración de España en Europa permitieron una mejora relativa de la situación de nuestro país. En los últimos años de crisis, nuevamente el conjunto de la Unión Europea ha crecido por encima de lo conseguido por nuestra economía, acentuando la distancia en términos de renta per cápita.

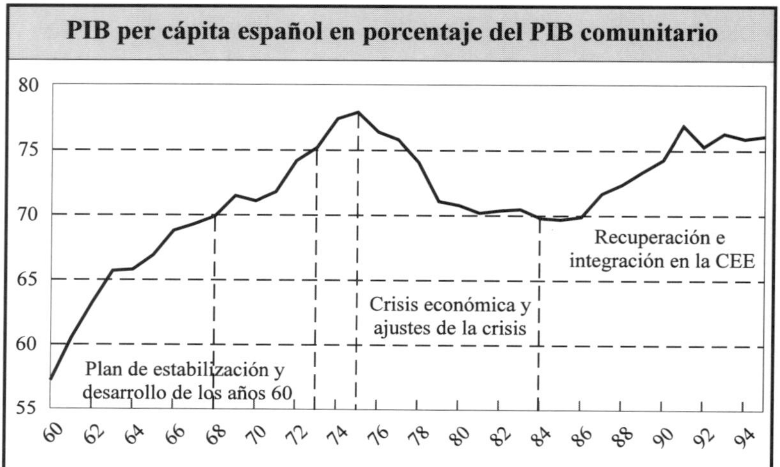

Fuente: Enrique Fuentes, "La larga marcha hacia Europa", núm. especial de *Mercado*. «De peores hemos salido», 22 febrero 1993. *Économie Européenne,* núm. 69, 1995.

Figura 7.1

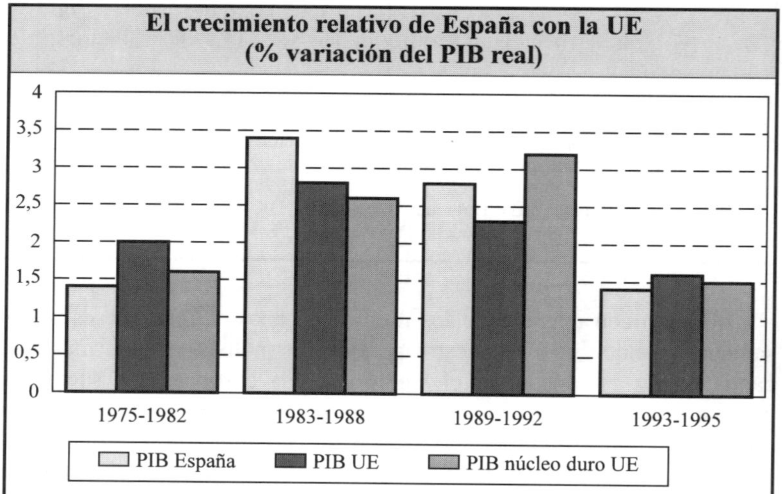

Fuente: OCDE.
Nota: UE-Núcleo duro (Alemania, Francia, Benelux).

Figura 7.2

Debilidades, amenazas, puntos fuertes y oportunidades

Muchas personas han comentado que es preciso salir de España para ver lo bien que se vive aquí; y yo comparto ampliamente esa opinión. Según Naciones Unidas, nuestro Índice de Desarrollo Humano nos sitúa, según las últimas estimaciones, en el puesto noveno, con un nivel relativo del 93 por 100 del máximo combinado de esperanza de vida, alfabetización, escolaridad y renta per cápita. Pero ahí no están contados otros aspectos que forman parte del bienestar de una sociedad, desde el clima hasta la variedad y calidad de gastronomía, paisajes y culturas.

Permítanme una breve anécdota. Hace unos años invitamos al decano de la Facultad de Económicas de La Habana a una reunión interna del Instituto Lawrence Klein en la Universidad Autónoma de Madrid. Él escuchaba muy atento mientras nosotros discutíamos con preocupación nuestro escaso ritmo de crecimiento económico y las dificultades de todo tipo de nuestra economía. Al final le pedimos su opinión. «Ha sido una reunión magnífica; realmente he aprendido mucho. Únicamente me sorprende que estén ustedes tan preocupados con una situación como la que tienen en su país. ¿Cómo estarían si viviesen en un país de bajo nivel de desarrollo y en que el problema no es crecer poco, sino sólo mantenerse?».

Pero conscientes de una situación mundial de privilegio y de ser un lugar para vivir deseado por muchos europeos, no podemos caer en el conformismo. Nuestros altos niveles de paro son un billete para emigrar en el futuro a otros países con mayor capacidad para crear empleo. La dependencia creciente de nuestra economía de decisiones tomadas en otros países puede dificultar el crecimiento y la creación de empleo a largo plazo. Los Estados Unidos de Europa, si algún día existen como tales, exigirán que los españoles emigren al centro y norte de Europa, como lo hicieron, año tras año, extremeños o andaluces a Cataluña o Madrid. En su editorial, «Is the single market working?», *The Economist* de 17-2-96 señala: «Mientras los americanos fácilmente viajan de estado a estado en busca de trabajos o una mejor vida, los europeos están inmovilizados por sus diferencias lingüísticas y sociales. De los 370 millones de ciudadanos de la Unión, únicamente unos 5 millones viven fuera de sus respectivos países de nacimiento y sólo 3,1 millones —menos del 1 por 100— trabajan fuera de él, en otro estado de la UE».

Si se siente tan europeo como para no importarle dónde va a vivir usted o sus hijos, entonces no se preocupe. Pero si no es así, debe trabajar por los intereses propios de nuestro país, aunque sea dentro de un proyecto más general llamado *Europa*.

Hagamos un breve repaso, como es habitual en los planteamientos estratégicos de empresas o sectores, de la *matriz DAFO* de *Debilidades, Amenazas, Fuerzas y Oportunidades* de la economía española.

Las debilidades de nuestra situación tienen que ver con los desequilibrios económicos, que al tener que ser corregidos van a retardar nuestro crecimiento; con la posible inadecuación futura de nuestra estructura productiva; con los diferenciales respecto a países competidores en algunos factores básicos de crecimiento.

TABLA 7.5

Algunas de las posibles debilidades de la economía española
Desequilibrios • Alto nivel de paro. • Inflación diferencial. • Diferencial de tipos de interés. • Déficit público.
Estructura productiva • Sectores pendientes de reconversión. • Dependencia internacional en sectores económicos estratégicos. • Escasa implantación de empresas multinacionales de origen español.
Diferenciales en factores de crecimiento • Infraestructuras. • Esfuerzo en I + D. • Eficacia de las Administraciones Públicas.

Frente a estas debilidades, disponemos de algunos puntos fuertes ligados a la ausencia de desequilibrios en algunos aspectos claves; la dinámica de algunos sectores y ciertas ventajas en cuanto a potencialidad de crecimiento.

TABLA 7.6

Algunos de los posibles puntos fuertes de la economía española
Ausencia de desequilibrios • Reducido endeudamiento exterior. • Reservas elevadas de divisas.
Estructura productiva • Sectores especialmente dinámicos. • Rápido posicionamiento internacional de algunos grupos empresariales españoles.
Ventajas en la potencialidad de crecimiento • Integración avanzada en Europa. • Mercados interiores potencialmente crecientes para alcanzar promedios de consumo europeos. • Mano de obra potencialmente disponible y crecientemente bien formada.

Si nos fijamos ahora en el entorno de la economía española, nuestras amenazas provienen de diversos aspectos que pueden afectar a la economía mundial o europea y, a través de ellas, a nuestra propia situación.

TABLA 7.7

Algunas de las posibles amenazas para la economía española
• Competencia internacional creciente. • Nuevas zonas demandantes de la inversión que pueden sustituir a nuestro país (por ejemplo, países del centro y este europeos). • Incertidumbre respecto al auténtico proceso de la Unión Europea. • Desequilibrios aún no resueltos en otros países (como los déficits de Estados Unidos o la mayoría de los miembros de la Unión Europea). • Conflictos militares y políticos pendientes. • Situación periférica.

Por último, las oportunidades de nuestro entorno en nuevos mercados, los beneficios de la Unión Europea y la propia situación geopolítica de España.

TABLA 7.8

Algunas de las posibles oportunidades para la economía española
• Nuevos mercados (países del este, economías emergentes...). • Beneficios de pertenecer a la Unión Europea. • Situación geopolítica y cercanía cultural respecto al norte de África y Latinoamérica. • Hacia un mercado de 400 millones de personas que hablan español y que tienen un nivel de vida creciente.

En particular respecto a nuestra situación geopolítica puede resultar interesante hacer algunas consideraciones adicionales. Las fronteras políticas de los estados modernos son bastante poco sensibles al paso del tiempo, naturalmente con excepciones importantes no sólo en países relativamente jóvenes, sino también en otros que parecían consolidados hasta los acontecimientos recientes en el este europeo. Pero, en cualquier caso, lo que cambia mucho más velozmente son las fronteras económicas de los países. En pocas décadas, las fronteras de la inicial Comunidad Económica Europea se han ido ampliando y ampliando sucesivamente hasta dejar prácticamente sólo mar por el norte y el oeste, agotar el continente europeo por el sur y alcanzar la Europa «de los países del este». El frente de batalla económico ha avanzado con una celeridad que ya habrían querido para sí los más osados imperios. Y aún quedan por conquistar para la Unión Europea algunos países centroeuropeos (como Suiza), el primer cinturón de países ex comunistas (Polonia, Hungría, Chequia y Eslovaquia), el segundo cinturón por el este (la desmembrada Yugoslavia, Rumanía o Bulgaria) e incluso países de la ex Unión Soviética, aparte de la euroasiática Turquía.

Con esta rapidez de cambios, hay que saber digerir nuevos mercados con velocidad. Hay que saber comprar y vender en medio mundo, incluso sin salir de tus propias fronteras económicas. Hay que buscar negocios e invertir en empresas adelántadose al corrimiento de fronteras.

Pero a todos los países de la Unión Europea no les afecta de igual forma el cambio permanente de las fronteras europeas. Para empezar, España, como los otros países del Sur de Europa, ve alejarse el centro de gravedad económico hacia el Norte y hacia el Este. Pero además, no podemos olvidar nuestras responsabilidades como «huestes económicas» del Sur del imperio. El Báltico será íntegramente mar de la Unión Europea; el Mediterráneo deberá ser compartido. Alrededor de la costa sur del Mediterráneo los países árabes del Magreb son la puerta hacia el África profunda por la que entran y salen trabajadores, inversiones y mercancías. No nos conviene olvidar que los problemas del fundamentalismo islámico en Argelia, los atentados a turistas en algunos países de la zona o los conflictos en el terreno de la pesca con Marruecos son, para nosotros, tan cercanos o más que los sucesos de Croacia-Bosnia-Serbia, aunque posiblemente sonarán como mucho más lejanos para el resto de Europa.

El papel de policías del Sur de Europa que impiden la entrada de emigrantes ilegales, terroristas o drogas es inevitable pero no muy satisfactorio. Nos interesa mucho más el de promotores de la nueva Europa ampliada en su frontera Sur, con todo el apoyo posible de la Unión. Pero tirando del carro y no siendo empujados por él.

XXI

8 Las grandes cifras

Contando en billones

No creo que le sirva de mucho saber que el PIB español es de unos 70 billones de pesetas. Así, aisladas, las grandes cifras de un país son inalcanzables para un ciudadano medio. Pero no es que la información carezca de interés; es que es necesario aprender a contar en billones. En todos los campos se manejan unidades de medida acordes con las magnitudes a valorar. El problema es que cuanto más alejada está la realidad de la experiencia cotidiana del observador, más difícil resulta valorar la medición realizada, al carecer éste de una referencia intuitiva.

Por eso, al interesado en temas económicos terminan produciéndole, muchas de las cifras manejadas, una cierta sensación de vértigo. Hablar de billones de pesetas en macroeconomía es, sin embargo, algo tan habitual como las referencias en años luz al tratar de las distancias cósmicas. Pero un billón de pesetas, igual que un año luz, es una unidad difícilmente apreciable si no se manejan referencias concretas que sirvan de punto de comparación.

Un primer punto de referencia es saber que, en 1995, un billón de pesetas es, más o menos, el valor de los productos energéticos importados, o los pagos por interés de títulos a corto plazo de la deuda pública, o el total de las pensiones por viudedad, o el gasto presupuestado de la Administración Central en compra de bienes y servicios, o lo que piensa recaudarse de todos nosotros por el impuesto sobre la renta de las personas físicas.

Por otra parte, parece que las grandes cifras macroeconómicas se nos hacen más asequibles cuando calculamos a cuánto nos toca por cada individuo o a cuánto sale por día o por hora. Así, si conocer que el PIB en España ronda los 70 billones de pesetas nos deja bastante fríos, la cifra de 1.750.000 pesetas por español o de 280.000 millones por día de trabajo de todos los españoles juntos nos resulta mucho más cercana.

Naturalmente, la aritmética de cálculo no puede ser más simple: se trata de dividir 70 billones entre 40 millones de españoles o entre 250 días laborables aproximados. Y como todo reparto proporcional, los resultados deben interpretarse adecuadamente. Ni todos los españoles (bebés, jubilados, torneros o abogados) ganan lo mismo ni se produce por igual del año. Simple y llanamente, a 1.750.000 pesetas por español y a 280.000 millones por día se obtienen 70 billones.

A partir de aquí puede usted dejar volar la imaginación y pensar que si se deja de trabajar un día, por una fiesta o una huelga, se pierden 280.000 millones de pesetas. Incluso puede tener la pesadilla de que una sola hora sin trabajar supone que el país deje de producir por valor de unos 35.000 millones. Un minuto de silencio por las víctimas del terrorismo representaría unos 580 millones. El chasquido de dedos equivalente a un segundo, y daría el valor del latido económico nacional: cerca de 10 millones de pesetas.

Naturalmente, estos cálculos sólo tienen el interés de hacer las grandes cifras macroeconómicas más accesibles. Llevarlas más allá no sólo es ridículo, sino incluso erróneo.

Las principales macromagnitudes en 1975 y 1995

Una vez familiarizados con las macrocifras de la economía, es momento de compararlas en el tiempo. Desde 1975 hasta 1995 el PIB ha pasado de 6 a 70 billones. Pero realmente no es que se haya multiplicado casi por 12 la producción española de bienes y servicios en un período de 20 años. Los precios se han multiplicado por 7 y, por tanto, la producción en pesetas constantes no ha llegado siquiera a duplicarse; pero ha aumentado un considerable 60 por 100.

Como conocen bien todos aquellos que trabajan con datos de Contabilidad Nacional (el libro de cuentas del país), la práctica habitual para comparar datos es elegir *un año base* para el cual los precios se hacen igual a 1 (o a 100) y expresar los datos de todos los años en pesetas de ese año base, dividiendo el valor nominal por el indicador de precios. Actualmente, el año base es 1986, y 100 pesetas de 1986 equivalen a 23 de 1975 ó 167 de 1995. Por eso 6 billones de pesetas de 1975 suponen unos 26 de 1986 (6 dividido entre 23 y multiplicado por 100).

TABLA 8.1

Evolución del PIB			
	1975	**1986**	**1995**
PIB nominal (billones de pesetas corrientes)	6,0	32,3	69,7
Deflactor del PIB (índice de precios, 1986 = 100)	22,7	100,0	167,0
PIB real (billones de pesetas de 1986)	26,6	32,3	41,7

Fuente: INE Contabilidad Nacional de España.

Puede ser útil conocer cuánto ha crecido, en estos últimos veinte años, la demanda de bienes para el consumo familiar, de servicios públicos, de bienes de equipo y construcciones, de artículos de importación o exportación.

El mayor incremento se ha producido en el comercio exterior, dada la apertura fuertemente creciente de la economía española. Cada peseta exportada en 1975 se ha multiplicado por 20 en veinte años; eliminado el efecto precios, se ha cuadruplicado la cifra de exportación. Y sólo ligeramente por debajo ha ido la importación.

TABLA 8.2

Gasto en 1995 por cada peseta gastada en 1975		
	Sin corregir el efecto de precios	**Corregido el efecto de precios**
Consumo privado de las familias	11,0	1,5
Consumo de servicios públicos	18,2	2,4
Inversión en viviendas	7,4	0,9
Inversión de las empresas en plantas y equipos	8,9	1,6
Inversión pública	14,9	2,4
Exportaciones de bienes y servicios	20,3	3,9
Importaciones de bienes y servicios	15,7	3,3
PIB	11,5	1,6

Fuente: Elaboración propia a partir de datos de Contabilidad Nacional.

El segundo grupo más dinámico ha sido el compuesto por el consumo y la inversión de las Administraciones Públicas (Gobierno Central, Autonomías, Ayuntamientos, Seguridad Social...). Por cada peseta ofrecida de servicios públicos en 1975 se ha pasado a 18 en 1995, multiplicándose por casi dos veces y media incluso corregido por los mayores precios. Un camino similar ha seguido la inversión en carreteras, aeropuertos, hospitales públicos, etc. Es la otra cara de la moneda de una presión fiscal fuertemente creciente y de un déficit público permanente durante estos veinte años.

Comparada con las cifras de comercio exterior y gasto público, la dinámica del consumo familiar o de la compra de nuevas viviendas o de la inversión empresarial en plantas y equipos parece muy pobre. Sin embargo, aumentar el 50 por 100 una partida de gasto en veinte años supone una tasa anual acumulativa de crecimiento del 2 por 100 ya en pesetas constantes. Ése ha sido, aproximadamente, el crecimiento general de la economía española, en promedio, durante el amplio período 1975-1995.

A un ritmo diferente de crecimiento corresponde un cambio relativo de pesos de los diferentes componentes del gasto. Por supuesto la mayor parte de lo que produce el país se dedica a consumo familiar; pero su peso se ha reducido entre 1975 y 1995 en 2,3 puntos de porcentaje. La inversión privada tanto en viviendas como en plantas y equipos también ha reducido su participación en el PIB, principalmente a expensas del gasto público. Consumo más inversión pública pasan en 1995 a representar casi el 20 por 100 del PIB, frente al 13 por 100 de 1975[1]. Exportaciones e importaciones suponen hoy día una cifra muy similar del PIB, cercana al 25 por 100. El índice de apertura de la economía (exportaciones más importaciones sobre PIB) ha pasado del 30,8 al 48,6 por 100.

---

[1] Como veremos posteriormente, el peso del sector público es muy superior a este 20 por 100, si sumamos las rentas que administra y redistribuye a través, por ejemplo, de transferencias, subvenciones o pagos por intereses de la deuda pública.

TABLA 8.3

Distribución de 100 pesetas de gasto entre diferentes partidas en 1975 y 1995 (% del PIB en pesetas corrientes)			
	1975	**1995**	**Diferencia 1995-1975 (puntos de porcentaje)**
Consumo privado	64,9	62,1	–2,8
Consumo público	10,5	16,4	+5,9
Inversión en viviendas	6,8	4,4	–2,4
Inversión empresarial en plantas, equipos y variación de existencias	19,0	13,3	–5,7
Inversión pública	2,6	3,4	+0,8
Exportaciones de bienes y servicios	13,5	23,8	+10,3
Importaciones de bienes y servicios (-)	17,3	23,6	+6,3
	100,0	100,0	

Desequilibrios básicos

Nuestro principal problema, el del paro, se ha multiplicado por más de 7 en estos veinte años, según las cifras de la Encuesta de Población Activa (EPA) del INE[2]. Del medio millón escaso de parados en 1975 hemos llegado a los 3 millones y medio en 1995.

[2] No es momento de entrar aquí en la discusión sobre la calidad de las cifras de la EPA. Sin embargo, puede adelantarse que responde a normas estadísticas avaladas internacionalmente y que constituye una fuente considerada como la más fiable en todos los países. Por supuesto, puede incluir algún caso de trabajadores de la *economía sumergida,* pero esto no afecta a las grandes cifras de evolución.

TABLA 8.4

Cambios en población, empleo y paro 1975-1995			
	1975	**1995**	**Diferencia 1995-1975**
Población de 16 y más años	25.152.000	31.880.000	+6.728.000
Población activa	13.040.000	15.625.000	+2.585.000
Población ocupada	12.570.000	12.042.000	–528.000
Población en paro	469.000	3.584.000	+3.114.000
Tasa de actividad*	51,8%	49,0%	–2,8%
Tasa de paro	3,6%	22,9%	+19,3%

* Sobre población de 16 y más años.
Fuente: INE, Encuesta de Población Activa y elaboración propia. Datos de media anual.

De los 5 millones y medio en que se ha incrementado la población de 16 y más años entre 1975 y 1995, cerca del 60 por 100 se han ido a aumentar los contingentes de jubilados, estudiantes, inválidos o población desanimada para encontrar cualquier tipo de trabajo. Sólo 2 millones y medio han buscado trabajo. Desgraciadamente, en veinte años, la economía española no ha sido capaz de generar nuevos puestos de trabajo netos, adicionales a los que se exigían para compensar otras bajas. Posteriormente veremos las causas de ello.

En cuanto a precios, costes salariales, tipos de interés y tipos de cambio, nos remitimos al cuadro adjunto. Lo más relevante es comprobar que el ritmo de crecimiento de los precios se ha conseguido reducir hacia tasas más acordes con las de nuestro entorno. Eso sí, la denominada *tasa de sacrificio* (puntos acumulados de la tasa de desempleo por cada punto de caída de la inflación) está cercana a 2. Unos 10 puntos de porcentaje de caída en la inflación se emparejan, en nuestra historia reciente, con casi 20 de subida en la tasa de paro, sin que ello quiera decir que una sea causa exclusiva de la otra.

Por lo que respecta a los déficits exterior y público, ya vemos que el primero es, por el momento, claramente inexistente, mientras que el segundo ha subido de forma importante. Un déficit público actual equivalente al 6 por 100 del PIB se ha ido acumulando en una deuda pública viva que ya supone unos dos tercios de toda la renta de España en un año.

TABLA 8.5

Cambios en precios, salarios y tipos de interés y de cambio 1975-1995			
	1975	**1995**	**1995/1975**
Precios del consumo privado (índice 1986 = 100)	22,3	166,0	7,4
Salario bruto anual por persona asalariada	360.000	3.560.000	9,9
Incremento de precios en el año	15,5%	4,8%	0,3
Incremento salarial en el año	20,0%	4,4%	0,2
Tipo de interés nominal a corto plazo	11,0%	9,3%	0,8
Tipo de cambio peseta/dólar	57,4	125,0	2,2
Tipo de cambio peseta/marco	23,4	87,0	3,7

Fuente: Banco de datos Ceprede.

TABLA 8.6

Cambios en los déficits exterior y público 1975-1995 (miles de millones de pesetas corrientes)		
	1975	**1995**
Déficit en la balanza por cuenta corriente	200,0	29,1
Déficit público	58,1	4.513,2
Déficit exterior c/c s/PIB (%)	3,3	0,0
Déficit público s/PIB (%)	0,5	6,0
Deuda pública acumulada s/PIB (%)	12,9	66,2

Fuente: Banco de datos Ceprede.

XXI

9 Cambios de ritmo

Oscilaciones y tendencias

Aunque hay pequeñas diferencias de cálculo según la base que se tome como referencia, las conclusiones, sobre las oscilaciones de la economía española moderna, son muy similares.

Lo primero que parece observarse es que durante los últimos veinte años los ritmos de crecimiento económico real de nuestro país se mantienen oscilantes (y muy fuertemente) respecto a una media que está situada en el entorno del 2-3 por 100, cuando en los 15 años precedentes la tendencia habitual de la economía era crecer al 6-7 por 100. Ha caído a menos de la mitad lo que hoy día es habitual calificar como el crecimiento potencial o sostenible a largo plazo. Al menos eso parecen indicar los hechos y así lo mantiene la *sabiduría convencional,* es decir, las ideas generalmente aceptadas sobre capacidad de crecimiento sin crear desequilibrios adicionales que después exijan corrección.

Dejando aparte el debate técnico sobre el cálculo de ese potencial de crecimiento, el hecho real es que existe una amplia coincidencia entre organismos internacionales, mercados financieros y una gran parte de analistas económicos, en el sentido de que un crecimiento por encima del 3-3,5 por 100 termina, hoy día, generando desequilibrios adicionales en nuestra economía y, por tanto, no es mantenible a largo plazo.

Personalmente, ya he indicado en otras ocasiones que me parece un error político (no técnico) tomar como guía de actuación los resultados de un período en que el crecimiento de la economía europea y, muy especialmente, de la española han estado muy por debajo de lo que uno puede pensar que es su verdadera *potencialidad* a largo plazo. Si toda la operación europea es para mantener un ritmo de crecimiento para España del 2,5-3 por 100, entonces «que paren el mundo,

Tasa de crecimiento anual del PIB de la economía española (media móvil de los últimos tres años)

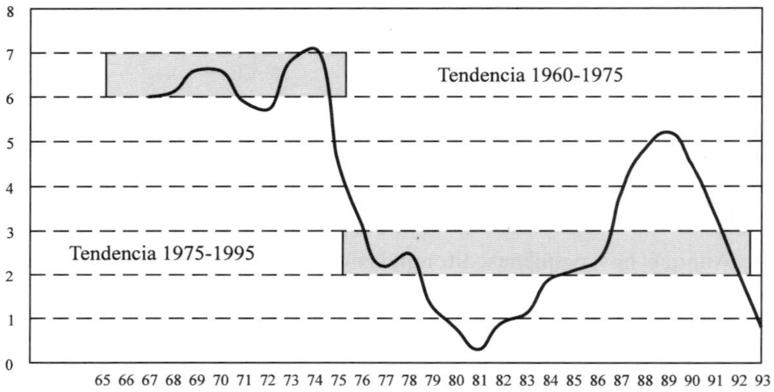

Fuente: E. Fontela, *Los ciclos económicos en la economía moderna*, Fundación Argentaria, junio 1994.

Figura 9.1

que yo me bajo». Eso significa crecer por debajo o, como máximo, al ritmo medio de Europa, es decir, mantener o incrementar las diferencias de nivel de vida. Renunciar a dar empleo a los actuales parados y no converger con Europa tampoco en tasas de actividad. Aceptar que España ha llegado ya al paso cansino de la madurez y ha dejado atrás para siempre los vivos ritmos de crecimiento no ya del período 1960-1975 (superiores al 6 por 100), sino incluso de la pasada recuperación 1986-1990 (del 4-5 por 100).

Los hechos son, sin embargo, que en el contexto mundial de estos veinte años y con la actuación seguida en términos de política económica interior, el crecimiento medio está en el 2,2 por 100 y ha oscilado fuertemente con una corta y muy ligera etapa expansiva en 1976-1977, posterior a los primeros efectos de la crisis energética; a continuación un prolongado declive de siete años de duración que redujo el crecimiento medio anual a ritmos del orden del 1 por 100; nueva etapa expansiva, ahora mucho más fuerte y extensa, que abarca los años 1985-1991 con crecimientos medios cercanos al 4 por 100; fuerte caída entre 1992-1994 y una recuperación en 1995, sobre cuya prolongación en el tiempo y magnitud se tienen muy variadas opiniones. Por el momento, en 1996 se ha alcanzado un crecimiento que coincide con la media de los últimos veinte años y que supone una ligera desaceleración respecto al año precedente. Las expectativas para 1997 son algo mejores, pero, con perspectiva histórica, seguramente deberemos calificarlo de crecimiento moderado.

TABLA 9.1

Ciclos de la economía española en los últimos veinte años

Período	Duración aproximada (años)	Subperíodos				Años excepcionales			
		Expansión		Declive		Sobreexpansión		Recesión	
		Período	Tasa	Período	Tasa	Años	Tasa	Años	Tasa
1976-1984	9	1976-1977	3,1	1978-1984	1,1	—	—	1979-1981	0,4
1985-1994	10	1985-1991	3,9	1992-1994	0,5	1987-1990	4,8	1992-1993	–0,2
1995-?	—	1995	3,1						

Fuente: Elaboración propia a partir de las tasas de variación del PIB en constantes (datos OCDE, Estadísticas Retrospectivas). Los períodos de expansión y declive se han calculado según estén por encima o debajo de la tasa media de crecimiento 1975-1995 (2,2 por 100). Los años excepcionales se han establecido por encima del 3,5 por 100 y por debajo del 1,5 por 100.

Las peculiaridades españolas

El hecho es que en nuestro país hemos estado prácticamente la mitad de estos veinte años en expansión (entendiendo por tal superar el modesto objetivo del 2,2 por 100 de crecimiento medio del PIB) y la otra mitad en fase de declive. Mientras, en Estados Unidos o Europa lo normal ha sido repartir el tiempo entre expansión y declive en dos tercios y un tercio respectivamente.

Comparativamente, la etapa expansiva de la segunda mitad de los setenta, se acorta en España hasta dos años respecto a Europa y uno respecto a Estados Unidos. Sin embargo, la siguiente fase de declive de principios de los ochenta, consecuencia del segundo choque petrolífero, se prolonga hasta un año más que en los actuales países de la Unión Europea y hasta dos años más que en Estados Unidos.

Con relación a las etapas expansiva y de declive del último ciclo,

TABLA 9.2

Ciclos comparados en los últimos veinte años					
	Crecimiento medio	Número de años en fase de		Número de años excepcionales en	
		expansión	declive	sobreexpansión	recesión
EE.UU.	2,6	13	7	7	4
EU-15	2,2	13	7	2	5
España	2,2	10	10	4	5

Fuente: Elaboración propia a partir de las Estadísticas Retrospectivas de la OCDE. Las fases de expansión y declive se establecen por crecimientos superiores o inferiores a la media correspondiente. Los años excepcionales de expansión son aquellos en que se superó el 3,5 por 100 de crecimiento; los de recesión, los que estuvieron por debajo del 1,5 por 100.

la duración temporal ha sido bastante similar, aunque desfasada en el tiempo. La recuperación de los ochenta se inicia en 1983 en Estados Unidos, alcanza en 1984 al conjunto de la UE y en 1985 a España. Similarmente, la última fase expansiva llega en 1993 a Estados Unidos, en 1994 a la Unión Europea y en 1995 a España.

En la figura adjunta hemos representado el posicionamiento de los diferentes países sobre un hipotético ciclo mundial único. La curva superior de trazo continuo es la que ha marcado el camino de los países que han tenido una recuperación más temprana y han llegado incluso a superar las tasas habituales de crecimiento del 2,5-3 por 100. Tal es el caso de Estados Unidos o el Reino Unido, que en 1994 ya habían alcanzado un pico cíclico. Para otros países, la recuperación ha llegado no sólo con retraso, sino que su camino ha estado más cercano a la línea de trazos, no superando crecimientos del orden del 3 por 100 en el momento de mayor expansión.

Situación de los principales países dentro del ciclo económico actual

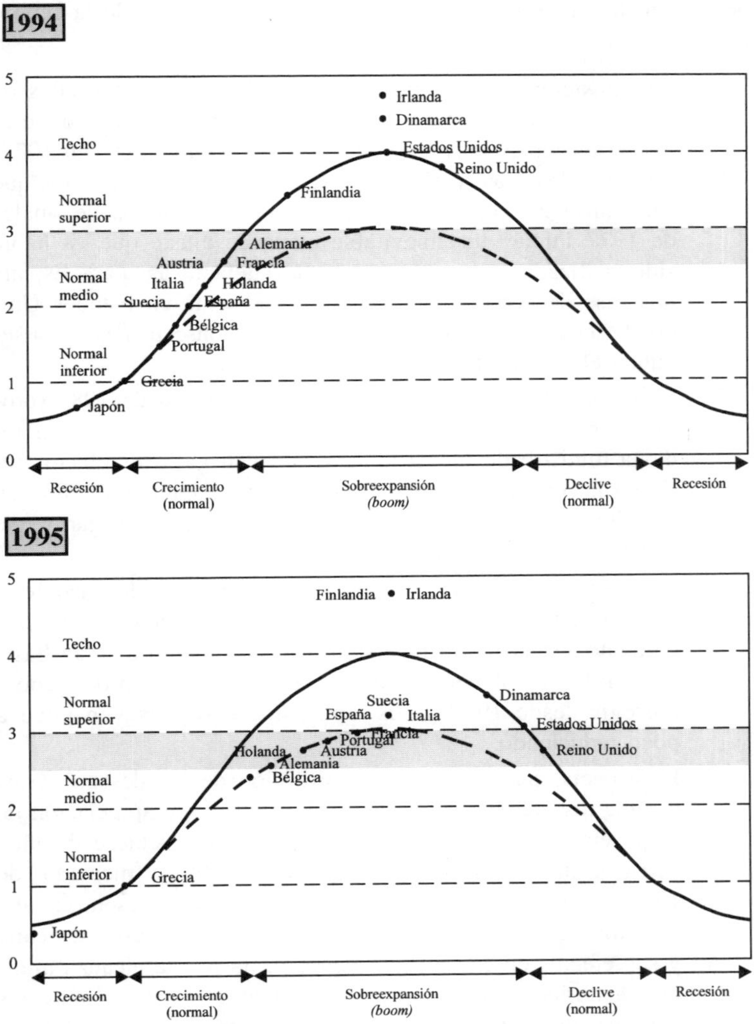

Fuente: Elaboración propia. Versión simplificada del ciclo de desviación definido según la propuesta australiana. E. Haywood, «The deviation cycle: A new index of the Australian Business Cycle», *The Australian Economic Review,* 1973.

Figura 9.2

Si comparamos, durante los veinte últimos años, la evolución europea general con la española, para explicar las diferencias de comportamiento hay que añadir las siguientes singularidades de la economía de nuestro país:

1. La transición política tras la muerte de Franco a finales de 1975, que hace que en los primeros años la atención esté puesta en temas muy diferentes de los económicos. En 1977-1978 se alcanzan crecimientos salariales y de los precios que superan el 20 por 100. Los Pactos de la Moncloa de finales de 1977 inician una inevitable etapa de ajuste que ya había sido realizada por otros países. Se adelanta así para España una fase de declive cíclico que no se siente en Estados Unidos hasta 1979 y en Europa hasta 1980, consecuencia de la segunda elevación de los precios del petróleo.
2. La reconversión industrial iniciada a mediados de 1983 (programa marco de reconversión industrial presentado por el todavía ministro de Industria, Carlos Solchaga). Sus efectos retrasan la recuperación que Estados Unidos inicia en 1983 con los primeros efectos expansivos de la política de Reagan y que alcanza a Europa a partir de 1984.
3. La fuerte incidencia de la fase preparatoria de los acontecimientos de 1992 en España. Elevadas expectativas de crecimiento y una fuerte inversión y gasto público alargan hasta 1989-1990 la sobreexpansión que Bush se ha visto obligado a corregir desde 1989 y los Gobiernos europeos van poco a poco reduciendo.
4. La especial incidencia de la corrección de los desequilibrios cambiarios creados por la política Solchaga de apreciación de la peseta y elevados tipos de interés. La peseta se devalúa cerca de un 20 por 100 entre finales de 1992 y mediados de 1993. La crisis del SME se produce con una peseta en una posición complicada y, tras la fuerte caída del peso mexicano y sus efectos en cadena (el *tequilazo*), la peseta alcanza mínimos históricos respecto al marco a finales de 1994. Con estos nerviosismos, la recuperación se retrasa en España un año con respecto a lo que fue habitual en Europa y hasta dos años con relación a los países anglosajones.

Fluctuaciones cíclicas 1975-1995 en EU-15 y en España (% variación del PIB en precios constantes)

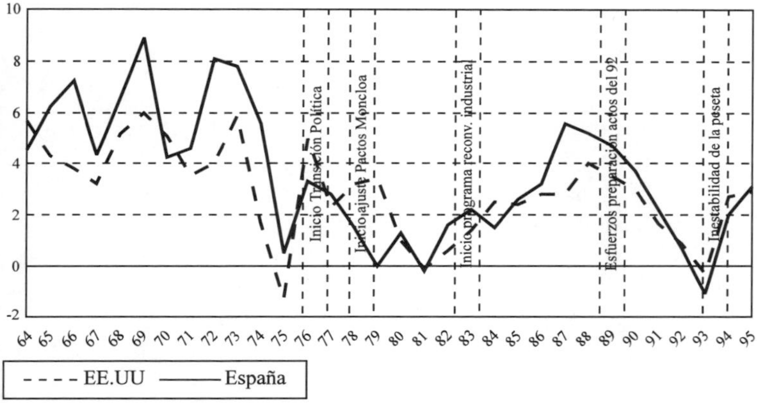

Fuente: OCDE, UE y elaboración propia.

Figura 9.3

XXI

10 La España de las Autonomías

Recursos de la Administración Territorial

La nueva Constitución española del 6 de diciembre de 1978 considera explícitamente el Estado de las Autonomías. En 1981, el Gobierno Calvo Sotelo pacta con el PSOE los proyectos de Ley Orgánica Armonizadora del Proceso Autonómico (LOAPA) y la Ley del Fondo de Compensación Territorial. La LOAPA se aprueba en Cortes tres meses antes de que el PSOE obtenga la mayoría absoluta en las elecciones generales de 28 de octubre de 1982.

Si entre 1975 y 1995 el gasto de las Administraciones Públicas prácticamente se duplica en cuanto a su equivalencia en participación del PIB (del 25 al 50 por 100), el gasto de las Administraciones Territoriales (Autonomías, Diputaciones y Ayuntamientos) casi se quintuplica en importancia relativa (del 2,4 a cerca del 11,2 por 100 respecto al PIB).

En 1980 las Autonomías prácticamente no existen; cinco años después ya administran el 10 por 100 del gasto; en los años noventa ya se sitúan por encima del 13 por 100. Para valorar adecuadamente la importancia de estos porcentajes hay que tener presente que del gasto público total más de la mitad se dedica a prestaciones de la Seguridad Social, subvenciones de explotación y pagos de intereses. El consumo público sólo de la Administración Central del Estado (el coste de todos los servicios públicos que suministra) no superó el 11 por 100 del gasto público total en el último año.

Como además la participación del gasto público en relación con el PIB ha sido fuertemente creciente (el gasto público ha crecido mucho más rápido que el PIB), la cantidad de recursos manejados por las Comunidades Autónomas ha ido aún a un ritmo más vivo.

TABLA 10.1

Incidencia de la Administración Territorial en el gasto público (porcentaje sobre el total de gasto de las AAPP)

	1975	1980	1985	1990	1995
Diputaciones y Ayuntamientos	10,2	9,5	11,1	11,7	10,7
Comunidades Autónomas	—	0,2	10,3	13,8	13,0
Total Administración Territorial	10,2	9,7	21,3	25,5	23,7

Fuente: Intervención General de la Administración del Estado (IGAE) *(Boletín de Información Estadística y Actuación Económica y Financiera de las AAPP)*, Banco de España (*Cuentas Financieras de la Economía Española, 1986-1995)* y elaboración propia. Incluye consumo público y empleos de las cuentas de renta y capital, excepto transferencias.

TABLA 10.2

El gasto de la Administración Territorial

En valor (miles de millones de pesetas)					
	1975	1980	1985	1990	1995
Diputaciones y Ayuntamientos	147,8	487,7	1.328,4	2.553,4	3.333,0
Comunidades Autónomas	—	11,1	1.232,0	3.025,8	4.053,0
Total Admón. Territorial	147,8	498,8	2.560,4	5.579,2	7.387,0
En porcentaje del PIB					
	1975	1980	1985	1990	1995
Diputaciones y Ayuntamientos	2,4	3,2	4,7	5,1	4,8
Comunidades Autónomas	0,0	0,1	4,4	6,0	5,8
Total Admón. Territorial	2,4	3,3	9,1	11,1	10,6
Total gasto público	23,9	33,8	42,6	43,7	44,7

Fuente: Intervención General de la Administración del Estado (IGAE) *(Boletín de Información Estadística y Actuación Económica y Financiera de las AAPP)*. Para 1995, Banco de España, *Cuentas Financieras de la Economía Española, 1986-1995.*

En un interesante intento de regionalizar ingresos y gastos públicos[1] se utilizan dos criterios alternativos: en el primero se trata de ajustarse al máximo a la recaudación territorializada y al destino regional de los gastos efectuados; con el segundo se intenta dar un paso adicional en la traslación de la carga tributaria o atribución de bienes y servicios públicos a los destinatarios finales. Sin necesidad de calcular el saldo fiscal neto (diferencia entre ingresos y gastos regionalizados de las AAPP) y por simple referencia a la importancia de cada autonomía en el PIB conjunto, pueden ya verse los flujos interregionales de solidaridad. Cataluña, Madrid y País Vasco reciben menos gasto público que el que les correspondería por su importancia económica y capacidad de recaudación. Andalucía, las dos Castillas, Extremadura, Galicia y Asturias son los principales destinatarios de estos fondos de redistribución regional de la renta.

El acuerdo alcanzado a mediados de 1996 sobre cesión parcial del IRPF a las comunidades autónomas (30 por 100 con capacidad normativa) puede alterar en el futuro el reparto territorial de la financiación disponible. Una primera simulación oficial de efectos hasta el año 2001 (febrero 1997) señala que se espera un crecimiento medio anual de recaudación de las Comunidades Autónomas del territorio común (excepto País Vasco y Navarra) del 6,5 por 100, que se reduciría en el caso extremo de Madrid a sólo el 4,9 por 100 y subiría en la situación de máximo crecimiento (Castilla-La Mancha, Extremadura, Canarias o Galicia) hasta el 7-7,5 por 100[2].

---

[1] A. Utrilla, M. Sastre y R. Urbanos, *La regionalización de la actividad del sector público español por agentes. Análisis y evolución (1987-1995)*. FIES, Documento de trabajo nº131/1997.

[2] *La cesión parcial del IRPF a las Comunidades Autónomas.* Estudio realizado por un grupo de catedráticos e inspectores de finanzas del Estado para el Ministerio de Economía y Hacienda, febrero 1997.

TABLA 10.3

Regionalización del gasto público total y su comparación con el PIB

Región	Criterio territorial directo	Corregido de traslación a destinatarios finales	Participación del PIB regional
Andalucía	15,4	16,3	13,5
Aragón	3,4	3,3	3,3
Asturias	3,2	2,9	2,6
Baleares	1,9	2,0	2,2
Canarias	3,6	3,5	3,7
Cantabria	1,4	1,4	1,3
Castilla-La Mancha	4,0	4,3	3,8
Castilla y León	6,9	6,7	6,0
Cataluña	15,9	16,6	19,0
Com. Valenciana	8,9	9,8	9,7
Extremadura	2,6	2,6	1,8
Galicia	6,5	6,9	5,6
Madrid	15,1	13,1	15,4
Murcia	2,3	2,5	2,5
Navarra	1,5	1,4	1,7
País Vasco	6,1	5,5	6,7
La Rioja	0,7	0,8	0,9
Ceuta y Melilla	0,6	0,3	0,3

Fuente: Datos referidos a 1993. Para el gasto público (Estado, organismos de la Administración Central, Seguridad Social, Comunidades Autónomas y Corporaciones Locales): A. Utrilla, M. Sastre y R. Urbanos, *La regionalización de la actividad del sector público español por agentes. Análisis y evolución (1987-1995)*. FIES, Documento de trabajo núm. 131/1997. Para el PIB regional, proyecto Hispalink, diciembre 1996.

Peso económico por regiones y ejes geográficos

Aunque la información regional es muy reducida y dispersa en la etapa anterior al desarrollo autonómico, hemos tratado de manejar datos homogéneos para todo el período considerado y diferenciar las mismas fases expansivas y de declive del conjunto de la economía española, a fin de analizar el comportamiento relativo de unas regiones respecto a otras y a la media nacional. La tarea sólo ha sido posible gracias a los esfuerzos realizados durante años por un grupo de equipos universitarios integrados en el proyecto Hispalink y por la base estadística de Contabilidad Regional de España elaborada por el INE desde 1985. Hispalink es un proyecto de análisis multirregional, en que se estudian técnicamente cuáles pueden ser los ritmos de crecimiento económico por sectores y Comunidades Autónomas y cómo pueden afectar a esta evolución determinados acontecimientos mundiales, ciertas políticas económicas estatales o las implicaciones de acciones regionales específicas.

Es importante, en un Estado de las Autonomías, que exista una visión regionalizada de los problemas o de las políticas de actuación, así como un enfoque integrador. Si hoy día no puede entenderse el futuro de España sin referirse a Europa, con más dificultad aún puede plantearse la evolución de Andalucía, Canarias o País Vasco sin pensar en sus condicionamientos y efectos sobre las otras regiones.

El Plan de Convergencia, los fondos de cohesión, la reconversión industrial o una política de peseta fuerte afectaron de forma diferente a las distintas Comunidades Autónomas. La Política Agraria Común incide de forma más acusada en las regiones de alto contenido agropecuario (Extremadura, Castilla-La Mancha o Galicia), mientras que la reconversión afecta a comunidades con una industria básica fuerte (Asturias o País Vasco) y la peseta apreciada repercute en las regiones especialmente exportadoras (Cataluña). Hasta los acontecimientos del 92 tienen una visión regional integrada. La Expo supuso un gasto adicional por turismo de varios cientos de miles de millones de pesetas, que afectaron especialmente a Andalucía. Las inversiones en pabellones, infraestructura urbana o el AVE tuvieron financiación, ejecución y efectos en diversas regiones. Para lo bueno y para lo malo, conviene no olvidar las implicaciones regionales.

Podemos empezar por establecer el peso relativo de las regiones y grandes ejes geográficos. Cataluña por sí sola representa cerca del 20 por 100 de la economía española y, junto con Valencia y Murcia, constituye el Arco Mediterráneo, con un peso aproximado de casi un tercio sobre el PIB de España.

Madrid es la segunda región en importancia económica (un 15 por 100), casi la misma que Andalucía (14 por 100). Andalucía, Extremadura, Castilla-La Mancha y Castilla y León aportan más de una cuarta parte de todo lo que se produce en el país.

TABLA 10.4

La importancia relativa de las regiones españolas y los grandes ejes (porcentaje sobre el PIB total)

Regiones		Ejes	
Andalucía	13,5	Cornisa Cantábrica	16,3
Aragón	3,3	(Asturias, Cantabria, Galicia y País Vasco)	
Asturias	2,5	Arco Mediterráneo	31,3
Baleares	2,2	(Cataluña, Valencia y Murcia)	
Canarias	3,8	Valle del Ebro	5,9
Cantabria	1,3	(Aragón, La Rioja y Navarra)	
Castilla-La Mancha	3,7	Sur	15,3
Castilla y León	5,8	(Andalucía y Extremadura)	
Cataluña	19,1	Centro	9,5
Com. Valenciana	9,7	(Castilla-La Mancha y Castilla y León)	
Extremadura	1,8	Madrid	15,4
Galicia	5,6	Archipiélagos	6,0
Madrid	15,4	(Baleares y Canarias)	
Murcia	2,5		
Navarra	1,6		
País Vasco	6,8		
La Rioja	0,9		
Ceuta y Melilla	0,3		
Total	100,0	Total	100,0

Fuente: INE, *Contabilidad Regional de España e Hispalink*. Datos referidos a 1994, últimos datos oficiales.

La Cornisa Cantábrica, en su conjunto, aporta al PIB español aproximadamente una peseta de cada seis. Las islas Baleares y Canarias, así como las regiones del valle del Ebro, participan con cerca de un 6 por 100 cada una.

La importancia relativa de los grandes ejes (% sobre el PIB total)

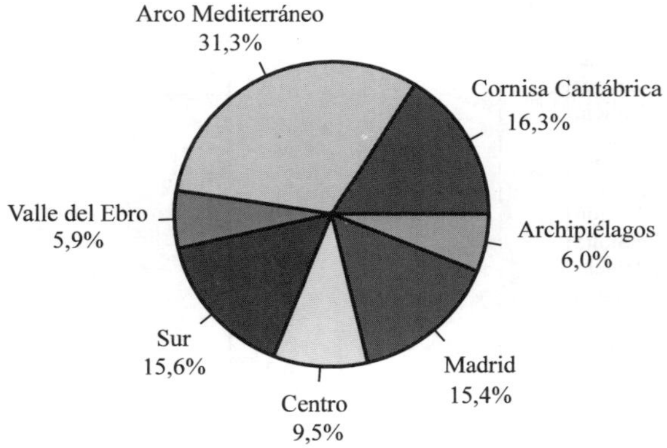

Fuente: INE, *Contabilidad regional de España e Hispalink.*
Últimos datos oficiales, referidos a 1994.

Figura 10.1

El crecimiento económico por regiones

Si pasamos ahora a analizar la dinámica del crecimiento, podemos ver qué regiones han ganado o perdido peso económico durante los últimos veinte años.

A fin de profundizar en la diferente evolución de las regiones españolas durante estos últimos veinte años, en la tabla 10.5 hemos incluido la información por subperíodos, distinguiendo entre las diferentes fases de expansión y declive comentadas al tratar de las oscilaciones de la economía española en su conjunto.

Un ejemplo de región con una mayor oscilación sistemática en el crecimiento es Castilla-La Mancha, con expansiones más acusadas y declives también más fuertes.

Un caso de crecimiento continuado por debajo de la media lo encontramos en el País Vasco, aunque existe una tendencia creciente a la corrección de estas diferencias en los últimos años que podría incluso, con datos aún muy provisionales, haberlo situado por encima en 1995.

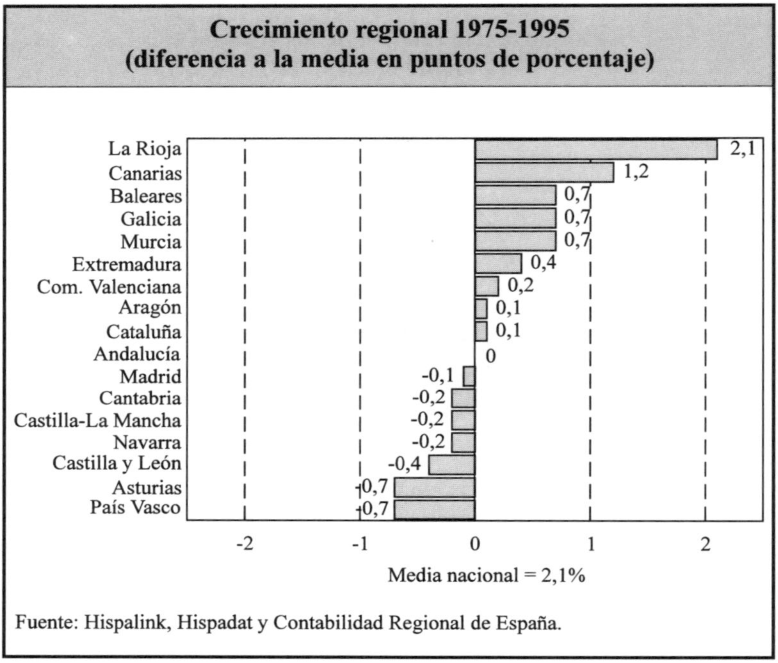

Figura 10.2

TABLA 10.5

El crecimiento económico de las regiones españolas (pesetas constantes)						
	Expansión 1976-1977	**Declive 1978-1984**	**Expansión 1985-1991**	**Declive 1992-1994**	**1995**	**Media 1975-1995**
Andalucía	2,0	0,9	4,8	0,0	1,6	2,1
Aragón	5,0	1,4	3,5	0,0	3,5	2,2
Asturias	4,2	0,1	1,8	0,9	2,2	1,4
Baleares	3,6	4,0	2,8	1,2	4,1	2,8
Canarias	6,3	3,5	3,5	2,2	4,4	3,3
Cantabria	8,9	0,5	2,9	0,9	3,2	1,9
Cast.-La Mancha	3,9	0,4	4,9	–0,3	1,3	1,9

Castilla y León	3,0	1,3	2,1	1,4	0,6	1,7
Cataluña	1,7	0,4	4,5	1,0	3,9	2,2
Com. Valenciana	5,7	1,0	3,4	0,2	3,0	2,3
Extremadura	3,8	3,3	3,7	–0,1	0,5	2,5
Galicia	6,8	2,1	3,1	0,7	0,7	2,8
Madrid	2,2	0,6	4,1	0,9	3,1	2,0
Murcia	5,2	2,1	4,5	0,1	2,2	2,8
Navarra	6,4	–0,4	4,1	–0,3	4,1	1,9
País Vasco	–1,3	0,0	3,4	0,7	4,3	1,4
La Rioja	5,5	5,9	3,2	3,0	2,7	4,2
Total	3,0	1,0	3,8	0,7	2,8	2,1

Fuente: Bases de datos Hispalink, Hispadat y Contabilidad Regional de España.

Una situación bastante parecida es la de Andalucía, donde la norma es un crecimiento inferior al conjunto de la nación, pero a la que los años expansivos previos al 92 colocaron, excepcionalmente, con un ritmo de hasta un punto de porcentaje por encima.

Dos regiones que aprovecharon especialmente las fases expansivas fueron Murcia y Navarra. En cambio, las fases recesivas fueron especialmente suaves en Baleares, Canarias y La Rioja.

Una situación especial la constituyen aquellas regiones que han perdido o ganado intensidad relativa de crecimiento en la década 75-85 respecto a la 85-95. Como puede observarse, Cataluña ha mejorado mientras que Asturias, Cantabria o Galicia han empeorado, siempre con respecto a la media de crecimiento del conjunto de todas las regiones.

Regiones prioritarias

Cuando la Comunidad Europea decidió, en los años ochenta, potenciar una política regional, clasificó a las regiones prioritarias en tres categorías principales a efectos de su acceso al Fondo Europeo de Desarrollo Regional (FEDER).

Las regiones económicamente menos desarrolladas constituyeron su *objetivo núm. 1* y se definieron como aquellas cuyo PIB per cápita era inferior en más de un 25 por 100 a la media comunitaria. Como

TABLA 10.6

Algunos datos complementarios sobre las regiones españolas

	Extensión (miles de km^2)	Población (millones)	PIB per cápita (ecus, EUR15 = 100)	Tasa de paro	Tasa de actividad
Total nacional	505	39,1	65	21,9	49,9
Media regional (18 regiones)	28	2,2			
Andalucía	87	7,0	49	32,5	48,6
Aragón	48	1,2	74	14,8	48,2
Asturias	11	1,1	63	20,8	44,5
Baleares	5	0,7	83	11,4	54,2
Canarias	7	1,5	64	22,5	50,5
Cantabria	5	0,5	63	22,9	44,7
Castilla-La Mancha	79	1,7	56	18,2	46,1
Castilla y León	94	2,5	62	19,5	53,3
Cataluña	32	6,1	79	18,8	45,6
Comunidad Valenciana	23	3,9	63	22,3	51,7
Extremadura	42	1,1	46	27,5	46,5
Galicia	29	2,7	51	18,0	48,9
Madrid	8	5,0	82	19,8	52,4
Murcia	11	1,1	58	23,1	48,2
Navarra	10	0,5	80	11,0	48,8
País Vasco	7	2,1	77	20,7	49,9
La Rioja	5	0,3	72	13,2	47,1
Ceuta y Melilla	—	0,1	56	32,1	53,7

Fuente: Eurostat e INE, Encuesta de Población Activa correspondiente al tercer trimestre de 1996. Los datos de renta y población de Eurostat se refieren a 1993.

podemos comprobar con los datos de la tabla 10.6, como tales pueden calificarse a Andalucía, Aragón, Asturias, Canarias, Cantabria, Castilla y León, Castilla-La Mancha, Comunidad Valenciana, Extremadura, Galicia, Murcia y La Rioja.

El denominado *objetivo núm. 2* afectaba a zonas industriales en declive (definidas a escala provincial o incluso inferior), con grandes pérdidas de empleos industriales en los años ochenta y un creciente índice de desempleo. Habitualmente se trataba de zonas de gran densidad de población con importantes problemas de congestión, abandono de instalaciones y contaminación. En nuestro país afectaba principalmente a zonas del País Vasco y Cataluña.

Por último, estaban las zonas rurales del *objetivo núm. 5b* afectadas por el éxodo rural, que repercutió en más de la mitad de su población en los últimos 25 años y que hoy día se caracterizan por una baja densidad demográfica y, a veces, incluso un difícil acceso (insularidad, situación periférica, orografía, etc.). En España afectaba a zonas muy dispersas que suponían sólo el 2,5 por 100 de nuestra población en 1990, frente al 22,2 por 100 que entraba en zonas de objetivo 2 y al 57,7 por 100 de población en regiones de objetivo 1.

Naturalmente, los procesos de convergencia regional sólo se producen a largo plazo, si es que se producen. En muchas ocasiones, las inversiones públicas de apoyo (nacionales o supranacionales) sólo consiguen parar o desacelerar el proceso divergente.

En 1975, la tasa de paro en España era del 6 por 100. Cerca del 10 por 100 registraba Canarias y rondando el 15 por 100 estaba Andalucía.

En 1995, veinte años después, sabemos que el paro se ha multiplicado para todos y ya afecta a más del 20 por 100 de los españoles. El problema es que ahora repercute en casi el 35 por 100 de los andaluces, en más del 30 por 100 de los extremeños o en el 24 por 100 de los canarios. Para el conjunto de las regiones se ha multiplicado por cuatro y para Andalucía o Canarias sólo entre dos y tres veces. En Extremadura se ha multiplicado por tres la tasa de paro.

Sólo en Andalucía (incluyendo Ceuta y Melilla), Baleares, Canarias, Comunidad Valenciana, Madrid, Murcia y Navarra se ha generado empleo neto durante estos veinte años. En Galicia en particular se han perdido unos 250.000 puestos de trabajo en estos veinte años, un 22 por 100 de los puestos disponibles en 1975. Entre las cuatro regiones de la Cornisa Cantábrica (Galicia, Asturias, Cantabria y País Vasco) se han perdido más de 500.000 empleos entre 1975 y 1995, es

TABLA 10.7

Cambios en empleo y paro por regiones 1975-1995. Diferencias entre 1995 y 1975 (miles de personas)

Región	Empleo	Paro	Porcentaje de pérdidas (–) o ganancias (+) de empleo sobre situación en 1975
Andalucía	+23,6	+629,1	+1,4
Aragón	–38,5	+61,5	–8,9
Asturias	–103,4	+68,0	–24,9
Baleares	+46,9	+39,2	+21,6
Canarias	+102,1	+110,4	+27,6
Cantabria	–33,9	+38,9	–17,8
Castilla-La Mancha	–73,3	+67,4	–13,5
Castilla y León	–134,6	+158,5	–15,2
Cataluña	–43,5	+467,8	–2,0
Com. Valenciana	+54,6	+322,3	+4,5
Extremadura	–76,3	+78,8	–22,2
Galicia	–254,9	+110,5	–21,7
Madrid	+71,6	+353,9	+4,6
Murcia	+35,3	+68,7	+12,5
Navarra	+6,1	+17,0	+3,5
País Vasco	–112,3	+178,7	–14,4
La Rioja	–4,3	+14,7	–4,8
TOTAL	–534,8	+2.785,2	–4,3

Fuente: Elaboración propia a partir de los datos de la Encuesta de Población Activa y Base de datos Ceprede.

decir, cerca de un 20 por 100 de los puestos de trabajo existentes en 1975. Ése ha sido uno de los precios más altos pagados por la reconversión industrial.

Nivel de vida y bienestar social

Pero la propia complejidad de definir lo que puede entenderse por nivel de vida o bienestar económico y la dificultad de medirlos hacen difíciles las comparaciones regionales.

En 1991 el Instituto Nacional de Estadística publicó un completo estudio sobre *indicadores sociales* por regiones y provincias referido temporalmente al año 1986, es decir, aproximadamente a la situación en la mitad del período temporal por nosotros analizado.

Utilizando 134 indicadores diferentes, el INE define seis índices regionales sintéticos:

— Índice de *dotación global de recursos:* recoge la cantidad de recursos humanos, naturales y producidos que puede emplear cada región. Entre los recursos humanos están población, empleo y nivel de estudios. Entre los naturales, extensión, utilización para diferentes tipos de cultivo y un índice de centralidad/periferia que mide la distancia económica de cada región respecto al resto. Entre los recursos producidos, infraestructuras (por ejemplo, red de carreteras), equipamientos (por ejemplo, camas en hospitales, puestos escolares o viviendas con alcantarillado) y servicios generales (alumbrado, energía eléctrica, teléfonos, etc.). Todos estos indicadores se establecen de forma relativa con respecto al tamaño (extensión o población, según los casos, de cada región).

— Índice de *acumulación de recursos,* desde 1975 hasta 1981 y de 1981 a 1986. Intenta medir el cambio en los recursos humanos, naturales y producidos durante estos períodos.

— Índice de *nivel de vida.* Incluye aspectos tan diversos como la tasa de paro, mortalidad, discapacitación, enfermedad, accidentes laborales, suicidios, entre los factores negativos; o la proporción de viviendas con agua corriente, servicios de higiene, calefacción, teléfono, lavadora, automóvil, teléfono, etc.

— Índice de *carencia.* Intenta detectar las regiones con alto nivel de paro, abundancia de personas sin estudios, tasas bajas de escolaridad, alto porcentaje de viviendas en condiciones precarias y elevada proporción de deficiencias (mortalidad, morbilidad...) entre adultos.

— Índice de *nivel medio de desarrollo,* que incluye aspectos recogidos en el nivel de vida y los complementa con otros más vinculados al crecimiento económico, tales como el PIB por habitante o el consumo de energía eléctrica.

— Índice de *potencial infrautilizado de desarrollo.* Trata de valorar el mayor o menor grado en que una región puede tener una elevada potencialidad por recursos humanos (población joven, alta densidad y fuerte crecimiento demográfico), junto con un bajo nivel relativo de escolaridad e instrucción, gran proporción de parados y escasa industrialización.

A partir de los diferentes índices hemos elaborado el cuadro adjunto en que ordenamos las regiones según los seis diferentes criterios anteriormente utilizados. Para mayor facilidad de interpretación hemos convertido todos los indicadores en *positivos,* es decir, las regiones están ordenadas en *carencia* y *potencial infrautilizado* de menor a mayor. El orden general de las regiones es el de la ordenación media de los seis índices utilizados.

En nuestra opinión pueden diferenciarse, a partir de los indicadores utilizados, siete grupos de regiones con características propias, aunque todas ellas referidas a 1986, y que podrían, en algunos casos, haberse alterado posteriormente:

1. Las regiones del valle del Ebro (Navarra, Aragón y La Rioja), de alto nivel de vida, con muchos recursos y bien utilizados.
2. País Vasco, Cataluña y Madrid, también con alto nivel de vida y muchos recursos, pero con carencias y potencial aún infrautilizado.
3. Baleares, que aunque parte de una situación buena añade un ritmo relativamente bajo de mejora en los recursos disponibles, aparte de carencias e infrautilizaciones.
4. Cantabria y Asturias, regiones de situación intermedia en todos los aspectos considerados.
5. Comunidad Valenciana, prototipo de región con nivel medio de vida y recursos, pero acusadas carencias y fuerte infrautilización de su potencialidad de desarrollo.
6. Castilla y León, prototipo de región con bajo nivel de partida pero que aprovecha al máximo sus potencialidades y reduce fuertemente sus carencias.
7. Las regiones restantes (Canarias, Murcia, Galicia, Castilla-La Mancha, Andalucía y Extremadura) ocupan, con muy raras excepciones en algún indicador, los últimos puestos en todos los órdenes considerados.

TABLA 10.8

Ordenación de las regiones españolas según diferentes criterios. Puesto ocupado en cuanto a:

	Potencial de recursos	Acumulación de recursos	Nivel de vida	Eliminación de carencias	Nivel de desarrollo	Potencial utilizado	
Navarra	5	4	2	3	4	4	
La Rioja	6	5	7	1	7	3	
Madrid	1	3	1	13	1	11	
Aragón	7	6	6	4	6	2	
País Vasco	4	1	3	1	2	2	9
Cataluña	2	2	4	15	3	12	
Cantabria	8	7	9	8	9	6	
Castilla y León	11	11	12	2	11	1	
Baleares	3	9	5	11	5	16	
Asturias	10	8	10	6	10	5	
Com. Valenciana	9	10	8	14	8	14	
Galicia	14	14	15	5	14	8	
Murcia	13	12	11	10	12	13	
Castilla-La Mancha	15	13	14	7	15	7	
Canarias	12	16	13	16	13	17	
Extremadura	17	17	17	9	17	10	
Andalucía	16	15	16	17	16	15	

Fuente: Elaboración propia a partir de INE, *Indicadores Sociales*, 1991. Datos referidos a 1986.

XXI

11 Los motores del crecimiento

Condicionantes políticos

Si en los últimos veinte años han ocurrido muchas cosas en el ámbito puramente económico, la transformación aún ha sido más espectacular en el contexto socio-político.

Sólo hace poco más de veinte años que se constituía la Plataforma de Convergencia Democrática, encabezada por el PSOE como alternativa, para la transformación política hacia la democracia, a la Junta Democrática de España, liderada por el Partido Comunista y constituida un año antes. Sólo hace poco más de veinte años que se fusiló a tres militantes del FRAP y a otros dos militantes de ETA. Y tan sólo hace esos mismos años que murió el general Franco y es proclamado Jefe de Estado el rey Juan Carlos.

Después, en pocos años, hubo que legalizar el derecho a la huelga, la asociación sindical y al PCE. Fue necesario conseguir que las propias Cortes del antiguo régimen aprobasen la reforma política; convocar las primeras elecciones democráticas; redactar y aprobar la nueva Constitución. Además debimos acostumbrarnos a pactos sociales, mociones de censura, cambios de gobierno, intentos de golpe de estado y cambios de partidos en el poder. Mientras, era preciso digerir expropiaciones, intervenciones, huelgas generales y escándalos financieros.

Sin duda alguna, todos estos acontecimientos tuvieron su influencia sobre la economía. Como se indica en un editorial de la revista *The Economist (Measuring the price of politics,* 27-1-96), existe una amplia discusión sobre los efectos de la política en la economía. Los más liberales quieren creer que, en el mundo entero, la democracia ayuda al crecimiento económico más rápido. Otros, más nostálgicos de la eficiencia de los regímenes autoritarios, valoran especialmente la estabilidad política. Los estudios más recientes parecen poner en primer plano la *credibilidad política,* incluso por encima del tipo de régimen. En otras palabras, los enemigos políticos del crecimiento están, principalmente, en la posibilidad de cambios bruscos en las leyes o políticas que puedan afectar a las empresas y en el incumplimiento por parte de los gobiernos de los compromisos u objetivos previamente anunciados.

No parece muy descaminado apuntar, por tanto, el efecto benefactor que sobre el crecimiento económico de estos veinte últimos años ha tenido una transición política ordenada, una alternancia en el poder o unos pactos sociales cumplidos. Del mismo modo que deben haber tenido un efecto claramente negativo los intentos de golpe de estado, los escándalos políticos o el incumplimiento sistemático de compromisos avanzados en programas de actuación a medio plazo.

Las causas del crecimiento

Aun reconociendo la supeditación de los acontecimientos económicos a su entorno socio-político, no es posible eludir una explicación en clave económica. Hace ya treinta años, un economista norteamericano, Edward Denison, empezó a realizar una serie de estudios en diferentes países del mundo para tratar de identificar «las fuentes del crecimiento económico»[1]. Según su explicación, la lista de causas incluiría aspectos tan variados como los siguientes:

En el caso de la economía española, hicimos los cálculos para el

TABLA 11.1

Las fuentes del crecimiento económico
• Número de personas que trabajan.
• Horas trabajadas.
• Composición por edad y sexo de los trabajadores.
• Nivel educativo de los trabajadores.
• Capital en estructuras no residenciales y equipo productivo.
• Activos internacionales.
• Viviendas.

[1] Denison, E. F.: *The sources of economic growth,* Committee for Economic Development, 1962; y *Why growth rates differ,* The Brookings Institution, 1967.

- Inventarios.
- Cantidad y calidad de la tierra disponible a efectos productivos.
- Avances del conocimiento.
- Desfase en la aplicación de los nuevos conocimientos.
- Mejora en la distribución de recursos mediante la contracción de los dedicados a la agricultura.
- Reducción de las barreras al comercio internacional.
- Economías de escala por crecimiento tanto del mercado nacional como de mercados locales.

período de veinte años previo a la primera crisis energética (1954-1974) y pudimos valorar los distintos factores considerados por Denison según el siguiente orden de importancia:

1. Capital en infraestructura y equipo productivo.
2. Avances en las técnicas de producción y gestión.
3. Mejoras en la distribución de recursos.
4. Aumento en la cantidad y calidad de los trabajadores.
5. Economías de escala.

Del esfuerzo en Formación Bruta de Capital (FBC) realizado durante estos últimos veinte años nos puede dar idea el cuadro y gráficos adjuntos. Durante la transición política y económica la inversión cayó en España a una tasa media acumulativa superior al 1,5 por 100, y encima la reconversión industrial puso fuera de juego una parte del capital productivo del país acumulado en los años precedentes de finales de los sesenta y principios de los setenta, de fuerte inversión.

El panorama cambia significativamente en los años de expansión que van desde 1985 a 1990, principalmente. En esos años centrales se consiguen tasas de crecimiento de la inversión bruta superiores al 10 por 100 en promedio. A partir de 1991 la inversión se desacelera en su crecimiento, primero, y después empieza a caer hasta superar el –10 por 100 en 1993.

Respecto a la innovación tecnológica en procesos y productos, así como en nuevas técnicas de gestión de recursos, es difícil hacer una valoración del esfuerzo realizado. Diversos indicadores marcan la importancia de dicho esfuerzo, pero también la debilidad y dependencia respecto al exterior.

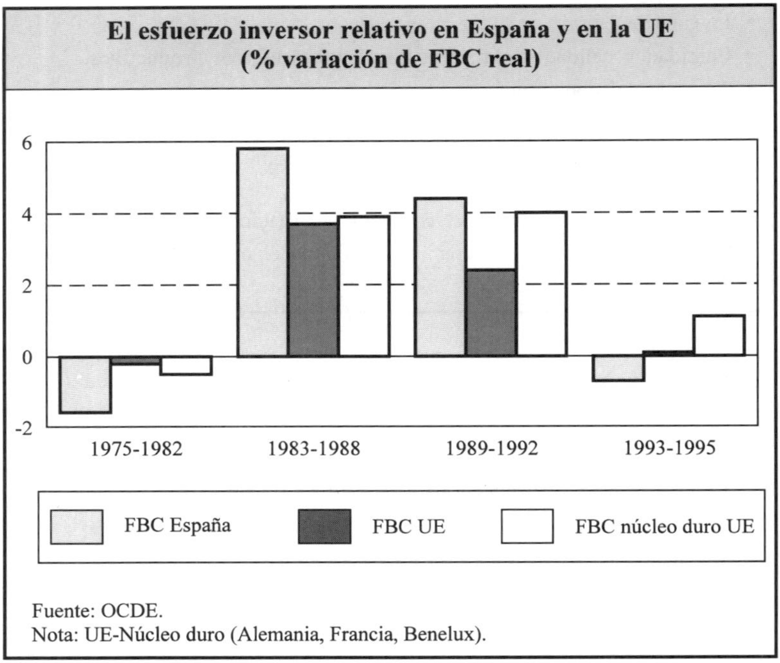

Figura 11.1

TABLA 11.2

Algunos indicadores sobre innovación			
	1975	**1985**	**1995**
Gastos en I+D (en % del PIB)	0,33	0,55	0,91
Personal empleado en actividades de I+D*	23.000	41.000	74.000
Balanza tecnológica con la CE (millones de dólares)	–138	–414	–1.052

* Trabajadores equivalentes en dedicación plena.

Fuente: Elaboración propia a partir de la OCDE, Main Science and Technology Indicators (1995) e INE, *Investigación científica y desarrollo tecnológico,* año 1993. Los datos corresponden a 1993, excepto el gasto en I+D, que está estimado para 1995.

La distribución del esfuerzo: el papel del sector exterior

En términos relativos, en 1995 hemos destinado menos recursos a la formación de nuevo capital productivo que los que dedicamos hace veinte años. Pero también las familias hemos consumido relativamente menos. La explicación está en que ahora utilizamos mayor proporción de servicios públicos y además dedicamos más recursos a la exportación.

Sea cual fuere el indicador utilizado, el mayor uso de recursos públicos es evidente. Por cada 100 empleados públicos en 1975 hay 162 en 1995. En estos veinte años, la cuota de participación de los servicios públicos en el total de servicios producidos ha aumentado en casi un tercio. También se ha duplicado casi la participación del gasto público total en el PIB y se ha quintuplicado el peso de la deuda pública. En la figura 11.2, para calcular un indicador de peso relativo privado/público se ha utilizado la evolución durante los últimos veinte años de cuatro aspectos diferentes: gasto, empleo, deuda y servicios públicos.

Pero si espectacular ha sido el crecimiento del sector público, no lo ha sido menos el del sector exterior de la economía. Ya vimos anteriormente que el índice de apertura (exportaciones más importaciones sobre PIB) ha pasado del 30 a casi el 50 por 100 en estos últimos veinte años. El peso de las importaciones sobre el PIB se ha duplicado en pesetas constantes, y una prueba más de la apertura de la economía española es que la protección aduanera efectiva (ingresos por aduanas sobre importaciones) se ha reducido a casi una décima parte desde 1975.

Con todo, la apertura de la economía española está aún algo por debajo de la media de la UE, con extremos como el 130 por 100 de índice de apertura de Bélgica, el 120 por 100 de Irlanda o el 97 por 100 de Holanda, y es una de las más reducidas de la UE.

Posiblemente, es en la relación entre comercio exterior y crecimiento económico donde se producen los mayores enfrentamientos y se defienden posturas con argumentos muchas veces erróneos o, al menos, parciales. La pregunta clave a responder sería: ¿en qué medida y en qué sentido ha contribuido la apertura exterior de la economía española a su crecimiento durante estos últimos veinte años?

España exporta en la actualidad unos 17 billones de pesetas por año en bienes y servicios, incluido el turismo. Sobre los 70 billones,

Evolución hacia el liberalismo económico en España, 1975-1995

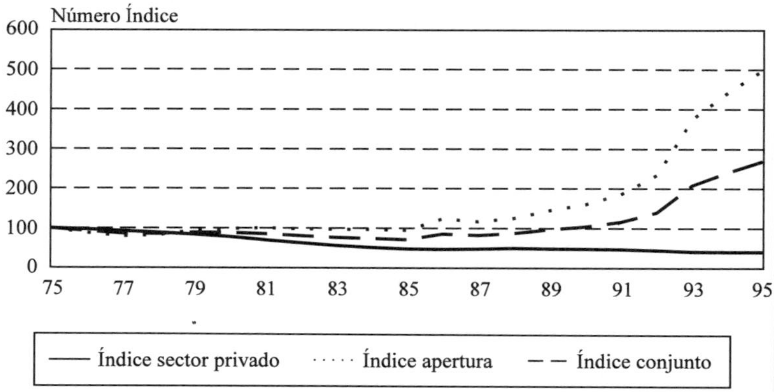

Fuente: Elaboración propia a partir de *Contabilidad Nacional de España* (INE), *Informe Anual del Banco de España, Boletín de Estadísticas del Sector Público y Cuentas de las Administraciones Públicas* (IGAE).

Figura 11.2

aproximadamente, de PIB, supone alrededor de una cuarta parte. Una cifra muy similar es la de importaciones, con lo que la balanza de bienes y servicios está prácticamente nivelada.

Otra cosa es la balanza comercial (sólo bienes), en la que nuestro déficit en 1995 se ha acercado a los 3 billones de pesetas al importar productos por más de 14 billones y exportar por sólo algo más de 11. Los 3 billones de diferencia los cubre, prácticamente, el turismo. En 1996 la situación ha mejorado, con un déficit comercial inferior a los 2 billones de pesetas.

Con sólo 6 billones de pesetas de PIB en 1975, el déficit de la balanza de bienes y servicios, de unos 300.000 millones, suponía la proporción, nada despreciable, del 5 por 100 del PIB.

Una primera idea que todos debemos tener es que, en conjunto, el sector exterior ha contribuido positivamente al crecimiento de nuestro país. Durante los últimos veinte años las exportaciones de bienes y servicios, expresadas ya a precios constantes, han crecido un 7,4 por 100 anual acumulativo, frente al 6,7 por 100 de las importaciones. Por eso, precisamente, hemos llegado casi a nivelar nuestra balanza a partir de una situación inicial de déficit.

TABLA 11.3

Exportaciones e importaciones de bienes y servicios (billones de pesetas corrientes)

	1975	1995
Exportaciones de mercancías	0,5	11,5
Exportaciones de servicios	0,3	5,2
(de ellas:		
Exportaciones de turismo)	(0,2)	(3,3)
Exportaciones de bienes y servicios	0,8	16,7
Importaciones de mercancías	0,9	14,0
Importaciones de servicios	0,2	2,9
Importaciones de bienes y servicios	1,1	16,9
Balanza comercial	–0,4	–2,5
Balanza de servicios	0,1	2,3
Balanza de bienes y servicios	–0,3	–0,2

Fuente: Balanza de Pagos y Banco de datos Ceprede. Los datos de 1995 son estimaciones iniciales. Los servicios incluidos son, principalmente, seguros y fletes, aparte del turismo.

Sin embargo, no debe pensarse que el sector exterior ha sido, en todos los momentos, una fuerza que ha contribuido netamente al crecimiento. En la fase de fuerte expansión 1985-1991 fue habitual un ritmo de incremento anual en las importaciones que triplicaba el de las exportaciones, con un desequilibrio creciente de nuestra balanza.

De hecho, bajos crecimientos de la economía de un país ayudan a importar poco, porque también se consume y se invierte a menor ritmo. Al mismo tiempo, los mercados internos deprimidos son un estímulo para que las empresas realicen un esfuerzo exportador creciente. Y lo contrario sucede en una fase expansiva.

En este sentido, lo realmente importante es disponer de un sector exterior que permita crecimientos sostenidos a un ritmo cercano al potencial, sin que se acumule un desequilibrio en forma de déficit exterior creciente.

No vale echar cuentas de cuánto más podríamos crecer o cuántos puestos de trabajo adicionales llegarían a crearse si el país fuera capaz de producir todo lo que ahora importa. Ése es un cuento mucho más ingenuo que aquel de la lechera, que contaba lo que iba a comprar con los beneficios sucesivos y acumulados de lo poco que tenía. Si pudiésemos fabricar aquí todo lo que ahora importamos y además siguiésemos exportando como ahora, naturalmente podríamos aumentar el PIB hasta un 25 por 100 y, por tanto, eliminar el paro existente.

Sin embargo, este supuesto es totalmente irreal: exportamos porque importamos y las transacciones internacionales se realizan, inevitablemente, en esas dos direcciones. Sólo podríamos sustituir las importaciones por producción nacional al precio de dejar de exportar y retornar a viejos tiempos de autarquía económica.

Pero además, importar no sólo es destruir producción y empleo en el país. Es también enseñar a nuestras industrias a fabricar productos competitivos a precios competitivos, con tecnología, servicios posventa y una organización empresarial a nivel internacional.

En resumen, los proteccionistas de nuevo cuño posiblemente olvidan muchas cosas a la hora de defender contingentes, controles, subsidios más o menos encubiertos a la industria nacional, etc. Criticar la incorporación a la Comunidad Europea por la liberalización del comercio exterior a la que ha debido someterse nuestra economía nos parece un error de enfoque. Gracias a la apertura de nuestra economía tenemos ahora empresas más eficaces, mercados más competitivos y, por todo ello, mayor capacidad para mantener un bienestar económico en el futuro.

Todo este alegato de fe en las virtudes de la competitividad internacional y la apertura de fronteras a los bienes y servicios de otros países no debe llevarnos, sin embargo, a la ingenuidad de pensar que es lo mismo producir que importar; que da igual que los bienes y servicios que consumimos o la maquinaria que instalamos en nuestras empresas sean de origen nacional o provengan de otros países; que es indiferente dónde se sitúen la nuevas empresas de la Unión Europea.

Setenta billones entre 12 millones de trabajadores arroja una producción media por empleado (en términos de valor añadido) de unos 6 millones de pesetas. Cada billón de pesetas de importación que pudiéramos evitar o cada billón de pesetas adicional que consiguiéramos exportar podrían permitir la creación de unos 150.000 puestos de trabajo, según la productividad promedio de la economía.

Importaciones y localización de multinacionales

Todos somos conscientes (o deberíamos serlo) de que tiene efectos totalmente diferentes sobre la economía de un país importar íntegramente un producto o crear en el país una empresa, aunque sea propiedad del mismo grupo multinacional que lo produce a escala mundial. No es lo mismo, por ejemplo, importar automóviles Volvo de Suecia que fabricar estos automóviles en España, aunque la propiedad de la empresa fuera 100 por 100 sueca y aunque en su fabricación intervinieran mayor o menor proporción de componentes importados.

En el primer caso, el producto importado sólo crea algunos puestos de trabajo (un valor añadido adicional) en las operaciones relacionadas con la venta y mantenimiento del automóvil. En el segundo caso hay puestos de trabajo creados en el propio proceso productivo, con efectos en cadena tanto más importantes cuanto mayor sea la participación nacional en la fabricación de los distintos componentes a ensamblar en el automóvil.

La inversión extranjera en España (especialmente la toma directa de posiciones en España) ha tenido durante estos veinte años efectos positivos importantes para nuestra economía. Como indica el *World Investment Report* para 1995 de la Conferencia sobre Comercio y Desarrollo de Naciones Unidas (UNCTAD), los efectos positivos de la inversión extranjera directa sobre el país receptor se pueden resumir en los siguientes puntos:

1. Complementar el tejido empresarial, ampliando la oferta de bienes y servicios producidos en el país.
2. Reforzar la estructura productiva nacional mediante las sinergias, hacia atrás y adelante, originadas por las inversiones extranjeras originales.
3. Incorporación de empresas con una mayor propensión exportadora.
4. Modernización y adaptación de las estructuras empresariales del país a un marco comercial más abierto, promovido por la vocación internacional de las empresas con inversión extranjera.
5. Generación de empleo directo e indirecto a través de la aparición de nuevas oportunidades de negocio para las empresas locales.

TABLA 11.4

Inversión extranjera directa en España (miles de millones de pesetas corrientes)	
Acumulado 1975-1984	**Acumulado 1985-1995**
746,9	7.341,8

Fuente: Banco de España, Registro de Caja. Saldo de inversiones extranjeras directas del exterior.

En cierto sentido, la propiedad del capital de una empresa es indiferente respecto a los efectos sobre la economía, y lo importante es que se implanten nuevas empresas, eficientes tecnológica y organizativamente. Robert Reich, ministro de Trabajo con Bill Clinton hasta hace pocos meses y antes profesor de Harvard, ha insistido en la necesidad de no confundir la propiedad o *bandera* bajo la que actúa una empresa con su influencia real en la economía del país: «La nacionalidad de los accionistas principales de una empresa y de sus altos ejecutivos tiene cada vez menos que ver con el hecho de dónde la empresa invierta y con quiénes suscriba contratos en el mundo... ¿Cuál es la diferencia entre una compañía *norteamericana* que fabrica o compra en el extranjero gran parte de lo que vende en el mundo y una firma *extranjera* que produce o compra en los Estados Unidos gran parte de lo que vende?... En iguales condiciones, una compañía nacional lucrativa es mejor para los norteamericanos que una rentable empresa extranjera, por la sencilla razón de que son ellos los que obtienen los beneficios. Sin embargo, cada vez más los ciudadanos norteamericanos suelen adquirir parte de las acciones en compañías cuyos principales accionistas son extranjeros, y éstos, del mismo modo, adquieren más acciones de las compañías cuyos accionistas mayoritarios son norteamericanos... Siempre que los especialistas claves sean norteamericanos residentes en los Estados Unidos, poco importa la nacionalidad de quienes posean o presidan formalmente la empresa»[2].

No suscribiría yo todo lo anterior y mucho menos trasladado a nuestro país, donde las consecuencias a largo plazo de una pérdida

[2] Reich, Robert B.: *El trabajo de las naciones,* Vergara, 1993.

rápida y generalizada de la propiedad de muchas empresas en sectores claves traerá consecuencias que ya empiezan a vislumbrarse. Pero sí comparto la idea de que la propiedad internacional de las empresas y la globalización de los procesos de producción exigen estar especialmente atentos a dónde se producen realmente los efectos beneficiosos y, muy en particular, dónde se crean puestos de trabajo permanentes y bien remunerados. La conclusión última, que también compartimos con Reich, es que la formación de los ciudadanos de un país y su nivel tecnológico (el capital humano y el tecnológico) son los elementos claves de toda estrategia de futuro.

Exportaciones, competitividad y estrategia

Si volvemos nuevamente la vista a Estados Unidos y a la anterior Administración Clinton, vemos que mientras el ministro de Trabajo estaba encantado con las empresas que se creaban en ese país con capital internacional, el ministro de Comercio, Rob Brown (desgraciadamente muerto en accidente aéreo en 1996), estaba tratando de apoyar a las empresas que eran capaces de exportar, convirtiéndose personalmente en el vendedor número uno de su país.

Según se recogía en un artículo en *The Economist* (25-2-95), el ministro seguía teniendo fe en el *laisser-faire,* «pero esta fe no ayuda en el mundo real, donde las empresas americanas están compitiendo con empresas respaldadas por gobiernos activos». Por ello, convencido de que exportaciones es igual a puestos de trabajo, «para bien o para mal, su departamento es ahora un *mega-lobby* para los grupos empresariales americanos, con magníficas conexiones, un poder formidable y la capacidad de poner en marcha apoyos especiales». La partida de crecimiento más rápido en el presupuesto de comercio es un «Programa de Tecnología Avanzada» que trata de desarrollar nuevas tecnologías *precompetitivas* (es decir, previas a la competencia final entre empresas, que supone su transformación en productos o procesos comercializables) que pueden constituir la base de industrias enteras dentro de diez o más años, pero que resultan demasiado arriesgadas para un capital privado *impaciente.* Mientras llegan o no estos resultados de futuro, el ministro de comercio norteamericano dirigía personalmente una *oficina de guerra* descrita como «un centro neurálgico con docenas de personas pendientes de ordenadores y teléfonos, tratando de cerrar contratos de exportación alrededor del mundo entero. En las paredes unos gráficos señalan que las acciones con éxito han supuesto contratos por valor de 19.500 millones de dólares, creando o preservando unos 300.000 empleos en el país».

Naturalmente, los defensores puros del libre mercado están preocupados por las posibles relaciones *incestuosas* entre Gobierno y empresas. Tampoco aquí las estrategias están totalmente claras ni existe un acuerdo sobre su idoneidad tanto de planteamiento como de puesta en práctica. Entre otras razones porque una estrategia activa de intervención en el comercio internacional puede justificar un retorno a un proteccionismo generalizado cuyo efecto global sería perjudicial para la economía mundial en su conjunto.

Pero lo que no puede negarse es la necesidad de profundizar en estos nuevos planteamientos. Concretamente, Lester Thurow propone[3] afrontar los retos de un mercado mundial cada día más competitivo, en el caso español, basándose en cuatro grandes pilares: 1) Elaborar una estrategia propia para participar en el juego mundial; 2) Aumentar el esfuerzo en I+D; 3) Promover la existencia de alguna que otra gran empresa española a escala mundial; 4) Mejorar la formación profesional.

A esta mezcla de estrategia competitiva, esfuerzo de formación e innovación y *posicionamiento* empresariales puede calificársela de política industrial en su sentido más amplio o simplemente de estrategia económica nacional. Pero debe existir y aglutinar los esfuerzos a largo plazo de los distintos partícipes en el juego económico de un país. Porque si no, los efectos pueden ser muy perniciosos a medio y largo plazo, como ya deberíaramos saber. Eso sí, una política industrial o una estrategia-país exigen un diseño participativo y una realización descentralizada. Las Administraciones Públicas tienen que coordinar acciones, pero no caer en la tentación de dirigir el complejo mundo empresarial. Pero es que, además, la política industrial exige no sólo un diseño general de largo alcance, sino una puesta en marcha y un seguimiento que sólo son posibles a escala regional o local, es decir, de forma descentralizada y reconociendo la importancia creciente de la base territorial. Porque localización industrial y *deslocalización* o traslado de empresas a otras zonas o países no son cuestión de capricho, sino que responden a unos costes y beneficios directos e indirectos sobre los que la actuación pública tiene una cierta influencia.

---

[3] Thurow, L.: *Compitiendo por el mercado mundial. Estrategias de éxito en una economía global,* Primer Encuentro Empresarial A. T. Kearney-Expansión, febrero 1994.

La selección nacional

A finales de los setenta y principios de los ochenta nuestros principales productos de exportación eran, por este orden, la fundición de hierro y acero, los vehículos automóviles y las frutas. A mediados de los noventa, nuestra selección nacional exportadora sigue sin *mover banquillo.*

La principal línea de exportación actual es la de vehículos automóviles, con unos dos billones de pesetas. Sólo Seat exportó 250.000 millones en 1994. Admitiendo la eficacia de nuestra industria automovilística, debe reconocerse que este mercado de exportación no está garantizado a medio y largo plazo y depende más bien de las decisiones sobre cuotas asignadas por las multinacionales del sector, afectadas por una fuerte competitividad global, excesos de capacidad productiva y un rápido proceso de innovación que permite replantear a medio plazo la ubicación de centros productivos y los flujos comerciales entre ellos. Pero además, por cada 10 pesetas exportadas por el sector del automóvil, terminan importándose 8 entre productos terminados y componentes. Vinculadas también al sector del automóvil, como auxiliares, están importantes empresas mundiales de neumáticos (como Michelin o Firestone) o de componentes (como Robert Bosch), que se sitúan hoy día entre los 25 principales exportadores españoles.

Un segundo grupo exportador se aglutina alrededor del petróleo y la industria química derivada, industria dependiente del crudo importado y en profunda transformación: Repsol (más de medio billón de exportaciones) o Cepsa también se sitúan entre las 25 principales empresas españolas por volumen de exportación.

El siguiente *grupetto* de cabeza está formado por nuestra siderurgia, otro sector en profunda reestructuración. Sólo Acerinox, cerca de 100.000 millones de pesetas de productos exportados.

La lista de los principales productos de exportación *made in Spain* se completa con las frutas, legumbres y hortalizas (más de medio billón de pesetas anuales), el calzado (cerca de 200.000 millones), diversas bebidas, principalmente alcohólicas (casi 150.000 millones) y productos de multinacionales de informática (como los de IBM o Hewlett-Packard), telecomunicaciones (Telefónica o Alcatel) o los aún emblemáticos Astilleros Españoles.

En mi opinión una *selección* interesante, pero también preocupante para mantener altos ritmos de crecimiento.

Según una explotación realizada sobre las 100 primeras empresas en exportación e importación (Instituto L. R. Klein, *Análisis del co-*

TABLA 11.5

Participación de las diferentes secciones arancelarias en el total de exportaciones (% sobre el valor en pesetas corrientes)

	1975	1980	1985	1990	1995
Animales vivos y productos del reino animal	1,9	1,5	1,3	2,0	2,4
Productos del reino vegetal	11,2	8,8	7,0	7,6	7,6
Grasas y aceites	1,6	2,3	2,0	1,6	1,0
Productos alimenticios, bebidas y tabaco	8,0	5,9	5,0	4,3	4,7
Productos minerales	5,9	7,0	11,1	5,6	2,3
Productos ind. químicas y derivados	5,1	6,3	6,9	6,5	6,8
Materias plásticas artif., caucho y sus manufacturas	3,9	3,9	3,8	4,5	5,2
Pieles, cueros y sus manuf.	2,2	2,0	1,6	1,3	1,0
Madera, corcho y sus manuf.	1,5	1,5	1,2	0,9	0,8
Papel, sus materias primas y manuf.	3,6	4,0	3,0	3,0	3,1
Materias textiles y sus manuf.	5,1	4,9	4,7	4,1	4,4
Calzado	5,9	2,9	3,5	2,8	2,2
Manuf. piedra, cemento, cerámica y vidrio	2,2	2,6	2,3	3,0	3,4
Perlas y joyas	0,8	1,3	0,9	0,5	0,5
Metales y sus manuf.	12,5	16,3	15,3	9,5	8,5
Máquinas, aparatos y material eléctrico	12,1	12,9	11,8	15,4	16,2
Material de transporte	13,3	13,3	15,3	23,1	26,1
Óptica, relojería, instrumentos música	0,8	0,8	0,7	0,9	1,0
Armas y municiones	0,4	0,2	0,2	0,1	0,1
Mercancías, objetos de arte y otros	1,9	1,6	2,9	3,1	2,5
Total	100,0	100,0	100,0	100,0	100,0

Fuente: Dirección General de Aduanas.

mercio exterior, octubre 1994), éstas concentran aproximadamente un 40 por 100 de las exportaciones y casi otro tanto de las importaciones de mercancías. La consecuencia complementaria de lo anterior es que un 60 por 100 de nuestro comercio mundial está difuminado entre empresas de muy distinto tamaño. No conviene olvidar el papel clave de las multinacionales en el comercio exterior, pero tampoco ignorar que la exportación y la importación son actividades que se diluyen por todo el tejido industrial, para todo tipo de tamaños de empresa.

Dado que las 100 primeras empresas en exportación tienen un volumen de comercio hacia el exterior inferior al que reciben las 100 primeras empresas en importación (con menos de la mitad comunes a ambos conjuntos), se observa que por cada 100 pesetas importadas por estas grandes empresas sólo se exportan 66. A nivel agregado, debe recordarse que la relación es de unos 11 ó 12 a 14 billones entre exportación e importación de bienes (no servicios) en el último año, es decir, algo superior que entre las grandes empresas.

XXI 12. Sectores y empresas

Aterriza como puedas

En un artículo publicado hace unos años («Aterriza como puedas», *Negocios,* 2-4-93) insistía en la necesidad de pasar de las grandes cifras de la macroeconomía habitualmente al uso al detalle de sectores y empresas. La mayor parte de los debates económicos, decía, se mantienen en el nivel macro, es decir, en el de los grandes agregados. Con frecuencia, en sólo tres letras como PIB, FBC, IPC o ALP se resumen algunos de los aspectos más significativos de una economía en su conjunto.

Sin embargo, a veces, de tanto mirar con la distancia que imponen las grandes cifras se puede tener una visión distorsionada de la realidad y sus reglas de comportamiento. Algunos planteamientos de política económica parecen responder a concepciones ideales ajenas a los intereses, problemas y necesidades de quienes individualmente tienen que contribuir a esos agregados macroeconómicos. Es como si alguien pensase que la Formación Bruta de Capital, por ejemplo, no es la resultante de las acciones de empresas concretas, desde Telefónica hasta El Corte Inglés, pasando por las miles de *pymes*.

Esto me recuerda aquel proyecto que presentó hace bastantes años una consultora de Estados Unidos para el desarrollo turístico de las Islas de la Bahía, en Honduras, realizado después del único contacto con la realidad de la zona que supuso sobrevolar el territorio en una avioneta.

Desde luego, desde un avión se tiene una magnífica idea de conjunto. Se distinguen perfectamente las cordilleras, los ríos o los límites de las ciudades. Claro que casi no se ven las fábricas, las casas o a las personas. Para conocer un país, a sus gentes y sus costumbres hay que aterrizar y patearlo. Si no, se puede caer en grandes banalidades o en planteamientos ideales o ingenuos, ajenos a la realidad.

Posiblemente Maastricht es una visión europea a vuelo de pájaro.

Y, en ocasiones, la política económica de muchos países, entre ellos el nuestro, son recetas de crecimiento dadas desde alturas demasiado lejanas. Parece recomendable empezar a hablar más de economía real; de mercados, sectores y empresas; de innovación, eficiencia y productividad.

Y terminaba: no sería mala noticia la conversión de algún político de la macroeconomía sin mácula en impulsor de medidas sectoriales o, al menos, en sensato conocedor de los efectos sectoriales de las políticas monetarias o fiscales propuestas. Remonta el vuelo para ver los problemas en su conjunto. Pero después aterriza como puedas para resolverlos.

Empecemos, pues, por ver lo que ha ocurrido con los grandes sectores de la economía durante estos veinte años para después hacer alguna referencia al mundo de las empresas. Evidentemente, la transformación sectorial de nuestra economía ha ido, en general, en la dirección correcta de una mayor convergencia con la estructura media europea.

TABLA 12.1

Proporción del VA generado por sectores			
	Agricultura	**Industria**	**Servicios**
España-1975	10%	43%	47%
España-1995	4%	33%	63%
UE-1993	3%	30%	67%

Fuente: Para España, Contabilidad Nacional de España. Para la UE, *Estadísticas Retrospectivas.* Dato referido a la UE-15 en 1993.

No puede hablarse, en justicia, de una desindustrialización extrema de nuestra economía, aunque sí cabe hacer algunos matices. En primer lugar, el cambio ha sido demasiado brusco: en sólo veinte años la industria ha perdido 10 puntos de porcentaje de peso en el PIB del país. Mucho para ser asimilado sin traumas por el mercado de trabajo, los grupos empresariales implicados y el entramado industrial del país. Pero además el sector de la construcción en España tiene más peso que en la Unión Europea (2 ó 3 puntos más de participación en el PIB), con lo que el resto de la industria está hoy día ya en línea con la media comunitaria, a pesar de ser España un país con una renta inferior a esa media.

De manera similar, la agricultura ha caído a niveles medios más acordes con Europa en su conjunto, pero la participación se ha reducido en 1995 a menos de la mitad de la registrada en 1975, y eso a pesar de las características propias de un país tradicionalmente agrícola y pesquero.

Pero veamos más detenidamente qué ha ocurrido con ese sector de servicios, que absorbe las pérdidas de importancia de agricultura e industria.

TABLA 12.2

La estructura de la producción por grandes sectores de valor añadido total (porcentaje en pesetas corrientes de cada año)

	Actual	**1975**	**Ganancia (+) o pérdida (–) en peso relativo (puntos de porcentaje)**
Agricultura	3,6	9,9	–6,3
Construcción	8,9	10,1	–1,2
Industria	24,8	33,1	–8,3
Energía	5,9	4,1	+1,8
Bienes intermedios	4,1	7,2	–3,1
Bienes de consumo	8,8	12,4	–3,6
Bienes de equipo	6,0	9,4	–3,4
Servicios	62,7	46,9	+15,8
Transporte y comunicaciones	6,0	5,5	+0,5
Otros servicios destinados venta	42,2	32,1	+10,1
Servicios públicos	14,5	9,3	+5,2
	100,0	100,0	

Fuente: INE, Contabilidad Nacional de España, Banco de datos Ceprede y elaboración propia.

TABLA 12.3

La estructura del sector servicios (porcentaje sobre valor añadido del total de servicios en pesetas corrientes)

	Actual	**1975**	**Ganancia (+) o pérdida (–) en peso relativo (puntos de porcentaje)**
Comercio	19,4	24,0	–4,6
Restaurantes y alojamientos	11,3	8,4	+2,9
Transporte personas y mercancías	5,4	10,8	–5,4
Comunicaciones	3,0	2,2	+0,8
Crédito y seguros	11,5	7,7	+3,8
Enseñanza y sanidad destinadas a la venta	3,0	4,9	–1,9
Otros servicios destinados a la venta	24,9	24,6	+0,3
Enseñanza y sanidad no destinadas a la venta	8,6	4,7	+3,9
Servicios generales de las AAPP y otros no venta	12,8	12,7	+0,1
	100,0	100,0	

Fuente: Elaboración propia a partir de los datos de Contabilidad Nacional de España del INE. Para 1975, participación en el PIB a coste de factores. Para la situación actual, hemos utilizado la última publicación disponible (1995) con datos desagregados de VAB a precios de mercado, referidos a 1991. Los porcentajes están calculados sin descontar la producción imputada de servicios bancarios.

Los servicios y las *pymes*

Según los datos deducidos del Directorio Central de Empresas (Dirce) que mantiene el INE, en España hay a 1 de enero de 1997 cerca de dos millones y medio de empresas, aunque sólo un millón tengan algún asalariado y poco más de 50.000 empresas superen los 20 trabajadores. Por sectores, sólo 250.000 empresas industriales y cerca de dos millones en el sector servicios.

TABLA 12.4

Censo empresarial a principios de 1997 (número de personas)

	Industria	Construcción	Comercio	Resto de servicios	Total
Sin asalariados	85.559	112.597	466.760	705.702	1.370.618
De 1 a 2 asalariados	54.520	59.156	214.366	250.238	588.280
De 3 a 5 asalariados	36.763	29.467	68.835	77.318	212.373
De 6 a 9 asalariados	21.241	14.843	25.243	29.356	90.683
De 10 a 19 asalariados	20.299	11.298	16.339	20.173	63.109
De 20 o más asalariados	19.839	7.640	9.925	17.344	54.648
TOTAL	248.211	235.001	801.368	1.100.131	2.384.711

Fuente: INE, Directorio Central de Empresas (DIRCE).

En conjunto, cerca de dos pesetas de cada tres son hoy día de servicios, frente a menos de dos pesetas de cada cuatro hace veinte años. Los servicios que han crecido más rápidamente son los de enseñanza y sanidad públicas, seguidos por los suministrados por las instituciones de créditos y seguros, así como por restaurantes y hoteles.

Un sector frecuentemente olvidado es el del comercio, cuya importancia relativa está, sin embargo, fuera de toda duda, ya que su producción representa el 20 por 100 de todos los servicios y, por tanto, del orden del 12 por 100 de toda la producción nacional.

La transformación del sector comercial es tan profunda que, sólo en los últimos años, se ha reducido en un 20 por 100 el número de establecimientos de alimentación (de unos 100.000 a principios de 1990 a unos 80.000 en enero de 1995 según Nielsen). Hoy día, sólo el 2 por 100 de los establecimientos concentra el 50 por 100 de las ventas de alimentación, y sólo la mitad de estos establecimientos tiene más de 15 años[1].

Según los datos fiscales disponibles, en España había en 1991 más de tres millones y medio de empresas, de las que unos tres millones eran personas físicas.

[1] Datos del *Anuario Nielsen*, 1995.

TABLA 12.5

Número de empresas según datos fiscales	
Agricultores por cuenta propia	770.000
Comercios individuales	647.000
Otras empresas con personalidad física	1.584.000
Organismos de las AAPP e Instituciones Privadas sin Fines de Lucro (IPSFL)	86.000
Empresas con personalidad jurídica	548.000
Total	3.635.000

Fuente: La información utilizada se refiere sólo al Territorio de Régimen Fiscal Común (TRFC), que excluye a País Vasco y Navarra y, parcialmente, a Canarias, Ceuta y Melilla. *Las empresas españolas en las fuentes tributarias (1991).* Instituto de Estudios Fiscales (IEF), 1994.

Centrándonos exclusivamente en las empresas (físicas o societarias) que tienen obligación de declarar por el Impuesto de Valor Añadido (IVA), nos encontramos aún con un universo superior a los 2 millones de empresas, que dan trabajo a unos 10 millones de asalariados, aparte del autoempleo que generan[2].

TABLA 12.6

Número de empleos según datos fiscales	
Empresarios individuales	1.445.000
Asalariados en Pequeñas y Medianas Empresas (PYME)	6.362.000
Asalariados en Grandes Empresas	3.607.000
Total de empleos en empresas que pagan IVA	11.414.000

Fuente: Instituto de Estudios Fiscales.

[2] Aunque las cifras utilizadas son generalmente válidas para darnos un orden de magnitud, una persona puede estar contada varias veces. Por ejemplo, un profesional que trabaja por cuenta ajena y tiene además un despacho o un comercio. Los datos no incluyen País Vasco y Navarra, que el propio IEF estima que representan un 6,5 por 100 del número de sociedades declarantes, ni los colectivos exentos de IVA en Canarias, Ceuta y Melilla, así como minoristas en Regímenes de Recargo de Equivalencia y agricultores individuales del Régimen Especial Agrario.

La verdad es que para nuestro país son muy importantes esos pocos miles de empresas (3.700 según estas estadísticas de declarantes de IVA) que tienen cada una más de 250 trabajadores y conjuntamente emplean a más de tres millones y medio de trabajadores. Muchas de esas empresas son líderes en tecnología, concentran gran parte de la exportación española y crean muchos empleos indirectos en las industrias auxiliares o en los muchos servicios que demandan.

Pero no conviene que nadie olvide que entre autónomos y *pymes* se consigue dar empleo al doble de personas que entre las grandes empresas nacionales y multinacionales, públicas y privadas. La dinámica de una sociedad tiene un exponente muy claro en su capacidad para generar nuevas empresas adaptadas a las necesidades de cada momento. Y muchas de esas empresas son de tamaño reducido, precisamente por su capacidad de adaptación al cambio.

Muchas personas, cuando se refieren a las *pymes,* piensan en el comercio tradicional, en el bar, en el taller de reparaciones de reducidas dimensiones, etc. Frecuentemente se olvida que hay mucha empresa pequeña o mediana de elevada cualificación en su personal, que emplea tecnologías muy evolucionadas y que puede ser el embrión de grandes empresas de futuro.

Como puede verse en el cuadro adjunto, un 80 por 100 de los empresarios individuales y un 63 por 100 de las *pymes* se encuentran en el amplio sector de servicios. Entre estas empresas hay gabinetes jurídicos, empresas de auditoría o selección de personal, asesoramientos informáticos o financieros, agencias de publicidad, centros sanitarios o de enseñanza, etc. No sólo no puede infravalorarse la pequeña empresa porque sea injusto a juzgar por su importancia a la hora de generar riqueza y empleo; es que, además, algunas de ellas son líderes en tecnología y gestión empresarial.

TABLA 12.7

Distribución sectorial de las empresas declarantes de IVA

	Sin asalariados	*Pymes*	Grandes empresas	Total	Porcentaje
Comercio y reparaciones	193.076	176.563	447	370.086	23,5
Hostelería y restauración	128.129	71.143	58	199.330	12,6
Transportes y comunicaciones	154.393	40.886	197	195.476	12,4
Servicios financieros y seguros	4.827	2.801	221	7.849	0,5
Servicios informáticos	4.678	1.513	27	6.218	0,4
Servicios técnicos	56.398	10.418	40	66.856	4,2
Servicios jurídicos, auditorías y estudios	63.431	26.965	108	90.504	5,7
Publicidad	16.167	8.711	38	24.916	1,6
Otros servicios a empresas y profesionales diversos	36.436	6.127	82	42.645	2,7
Servicios inmobiliarios (inversión y promoción)	30.068	14.746	10	44.824	2,8
Alquileres inmobiliarios	355.991	17.666	12	373.669	23,7
Enseñanza, sanidad y otros servicios personales	102.340	49.658	346	152.344	9,7
Otros servicios prestados por IPSFL y AAPP	106	665	244	1.015	0,1
Total servicios	1.146.040	427.862	1.830	1.575.732	100,0
Porcentaje distribución por tamaños	72,7	27,2	0,1	100,0	
Total empresas	1.445.156	682.950	3.714	2.131.820	
Porcentaje empresas de servicios s/total empresas	79,3	62,6	49,3	73,9	

Fuente: *Las empresas españolas en las fuentes tributarias* (1991), Instituto de Estudios Fiscales (IEF), 1995 y elaboración propia. Los datos corresponden exclusivamente a los declarantes de IVA.

Trombones y flautines

Se ha escrito mucho en defensa de procesos de concentración empresarial que conduzcan a tamaños más eficientes, capaces de soportar la competencia internacional. Recuérdense, por ejemplo, las fusiones bancarias en España o los actuales movimientos a escala europea e incluso mundial de unión entre líneas aéreas o empresas automovilísticas.

Pero también existe una amplia literatura técnica en defensa del papel que desempeñan las *pymes*. Hace años se trataba más bien de un movimiento casi de estética económica, «lo pequeño es hermoso», alimentado por una cierta desconfianza hacia la gran empresa. Hoy día, en gran número de países europeos se habla ya con respeto de la pequeña y mediana empresa, capaz de generar empleo en momentos de crisis, de adaptarse con flexibilidad a las nuevas circunstancias e incluso de innovar sin grandes esfuerzos aprovechando los huecos del mercado.

Me temo, sin embargo, que aún para muchas personas el tema del tamaño empresarial se plantea en términos excesivamente simples. Un pequeño comercio, un hotel, una fábrica de conservas, una empresa de «caza de cerebros» y un asesor de inversiones bursátiles son variantes de *pymes* con problemáticas muy diferentes.

Desconocer el papel que en la distribución representan las grandes superficies, su fuerza creciente y su efecto demoledor sobre la tienda tradicional no especializada es vivir fuera de la realidad. Ignorar la indefensión del pequeño hotel independiente, vorazmente explotado por los «tour-operadores» que dominan el mercado, es tanto como desconocer las reglas de juego de un sector tan importante para la economía española como es el turismo.

Igualmente, cuando pensamos en la pequeña industria conservera, bueno es saber, por ejemplo, que en España hay más de 40.000 empresas dedicadas a la elaboración de alimentos o bebidas para cubrir un mercado de algo más de diez billones de pesetas. Pero esta cifra es precisamente la facturación a escala europea de las tres grandes multinacionales del sector.

Pero también son *pymes* empresas muy especializadas e innovadoras como los *head hunter* o los asesores financieros, que se defienden perfectamente de la competencia nacional e internacional de grandes grupos.

Me temo que lo que sucede es que el tema del tamaño empresarial está frecuentemente mal planteado. Como en las grandes orquestas sinfónicas, aquí no sobra nadie con tal de que toque bien su instrumento. Habrá ocasiones en que se necesite del gran soplido del trombón y otras en que deba sonar la flauta.

En la economía de un país hay sitio para grandes multinacionales y para pequeñas empresas, incluso individuales. Caben innovadores en productos o servicios muy especializados, junto con la aportación de otras actividades más tradicionales. Hay que fabricar ordenadores o automóviles con la última tecnología, pero seguimos comiendo pan, bebiendo cerveza y mandando a nuestros hijos al colegio. Valen trombones y flautines... y también la guitarra eléctrica.

De vuelta a las grandes empresas

No es fácil tener una opinión equilibrada entre lo grande y lo pequeño, entre lo que es importante en sí mismo y lo que se mueve con rapidez. Por eso muchas veces los economistas utilizamos conjuntamente peso y ritmo de variación para tratar de valorar la *contribución al crecimiento*. Si un sector, por ejemplo, tiene mucho peso en la economía, cualquier pequeña variación, positiva o negativa, influye mucho en el crecimiento del conjunto. Otro sector de pequeña entidad puede ser mucho más dinámico y, sin embargo, aportar sensiblemente menos a ese crecimiento de la economía.

Así, por ejemplo, el sector agroalimentario (agricultura, pesca e industria transformadora de alimentos) es relativamente menos dinámico que otras muchas actividades, y su tecnología es más bien tradicional y poco evolucionada. Sin embargo, su producción supera los 10 billones de pesetas, exporta por encima del billón y medio y emplea a más de un millón y medio de personas. Como señalaba en el prólogo a un libro sobre el sector[3]: «Aunque compuesta por miles de empresas heterogéneas, muchas de ellas pequeñas e incluso familiares, se olvida frecuentemente la trascendencia económica y social de esta cadena productiva, tradicional en muchos de sus procesos, innovadora a veces, pero resistente a las crisis y al paso del tiempo. Como los grandes animales residuos de épocas históricas remotas, la agroalimentación se mueve lentamente, incluso a veces de forma torpe, pero su fuerza arrastra más que muchos otros juntos».

Lo mismo ocurre con las grandes empresas, incluso aunque desa-

[3] *Perspectivas del sector agroalimentario,* Instituto L. R. Klein, 1993.

rrollen actividades muy tradicionales y de escasa capacidad de crecimiento. Para la economía de un país conservarlas es tan importante como que se creen otras muchas pequeñas y en sectores muy dinámicos. Cuando se hacen valoraciones y se establecen políticas en Madrid, Bruselas o la capital autonómica competente, nadie debería olvidar que hay algunas empresas españolas que por sí solas dan trabajo a varias decenas de miles de personas cada una de ellas y cuya facturación anual equivale, individualmente, a más del 1 por 100 del PIB. El éxito o fracaso, a largo plazo, de cualquiera de estas empresas se reflejan directa y claramente en el nivel de vida y en la capacidad de generar empleo del país en su conjunto. Pero además, a la hora de valorar una gran empresa, recuerden que detrás de ella hay muchas pequeñas y medianas que viven gracias a su actividad.

Yo no sé si aquellos que se imaginan, sin temor, que España irá poco a poco convirtiéndose en un país de servicios, sin grandes empresas, al menos industriales, han pensado en los efectos en cadena. Porque sin empresas industriales de cierta dimensión no sólo no hay industria auxiliar, sino que se pierde gran parte de la demanda de servicios a empresas, financieros, transporte, etc.

Empecemos por recordar que de los 100 mayores grupos empresariales del mundo unos 40 son de origen europeo. Y de los 100 grandes de Europa únicamente 2 ó 3 son españoles, frente a más de 25 de cada uno de los tres grandes líderes europeos: Alemania, Reino Unido o Francia. Cada uno de los 20 primeros grupos empresariales europeos da empleo a más de 150.000 personas y, en casos extremos, llega hasta el medio millón.

En los repertorios de las 100 primeras empresas de la Comunidad Europea *(Panorama de la Industria Comunitaria 1991-92)* figuran tres grupos españoles, el primero de los cuales es un conglomerado de empresas oficiales hoy día inexistente.

Núm. de orden por facturación	Grupo empresarial	Número de empleados
31	Instituto Nacional de Industria	151.400
53	Repsol	19.200
84	Telefónica de España	71.300

Con datos más recientes, el Centro de Empresas Transnacionales de la UNCTAD (Conferencia de Naciones Unidas para el Comercio y el Desarrollo) establecía, a mediados de 1996, una ordenación de las 100 primeras empresas según un índice de globalización elaborado a partir de los porcentajes de participación de ventas, activos y número de empleados en el extranjero respecto al total de la empresa. Entre esas 100 primeras empresas mundiales hay 32 norteamericanas, 21 japonesas, 11 alemanas y hasta 37 de países de la UE, aunque no hay ninguna española.

Pero para sacar conclusiones sobre la situación y evolución de las grandes empresas en nuestro país, hemos elaborado un cuadro con la situación actual de las 20 primeras por facturación y su evolución en cuanto a plantilla y orden de importancia.

Lo primero que observamos son los movimientos de fusión de empresas, en particular la nueva organización del grupo empresarial público (Repsol, Endesa[4]...).

Lo segundo es cómo se van descolgando algunos grupos que pierden importancia o bien dejan de existir como tales. Como casos más significativos de días pasados de gloria, Rumasa (el 5.° grupo empresarial en 1980 con 40.000 empleados), Explosivos Río Tinto (6.° grupo en 1980 con una plantilla de 11.000 personas) o Ensidesa (empresa que ocupaba hace 15 años el puesto duodécimo con 26.000 trabajadores).

El siguiente aspecto destacable es que la facturación de las 20 principales empresas del país se acerca a los 15 billones de pesetas, es decir, al 20 por 100 del PIB o al 10 por 100 de la producción total de todas las empresas y AAPP. Además, ocupan a cerca de medio millón de personas, es decir, a aproximadamente el 4 por 100 de los empleados totales.

---

[4] Téneo, como grupo, ocupa uno de los primeros puestos del *ranking*, pero por constituir un conglomerado de empresas independientes no lo hemos incluido como tal. Igualmente, el grupo cooperativo de Mondragón tampoco está considerado en su conjunto, aunque por su facturación consolidada estaría entre las 20 primeras empresas del país.

Las 20 mayores empresas españolas
(ordenadas por su cifra de ventas actual y excluidas instituciones financieras)

Núm. de orden	Empresa	Ventas (miles de millones de ptas.)	Plantilla actual	Núm. de orden en 1985	Plantilla en 1985	Núm. de orden en 1975	Plantilla en 1975
1	Repsol (antes Empetrol y Butano)	2.329	18.600	2 + 21	9.200	2 + 18	9.750
2	Telefónica de España	1.583	103.900	4	66.700	6	57.200
3	El Corte Inglés	975	48.000	5	26.300	10	19.000
4	Cepsa	965	8.500	3	3.900	3	4.400
5	Endesa	795	17.000	15	6.300	71	4.100
6	Tabacalera	784	9.200	10	8.600	19	7.850
7	Iberdrola (antes Iberduero e Hidrola)	755	14.200	16 + 18	13.600	15 + 16	13.500
8	Fasa Renault	623	14.900	8	20.500	14	17.900
9	Opel España (antes General Motors)	619	9.300	19	8.700	—	—
10	Pryca (antes Promotora de Hipermercados)	520	14.000	31	3.700	—	—
11	Renfe	498	40.200	25	65.900	11	72.000
12	Ford	490	8.300	12	8.600	—	—
13	Iberia	408	23.600	6	24.600	8	19.900
14	Seat	401	13.700	9	23.000	5	30.200
15	Continente	393	12.100	—	—	—	—
16	FCC (antes Focsa y Construcciones y Contratas)	386	34.250	41+156	17.400	42 + —	12.300
17	Dragados y Construcciones	366	21.500	22	13.000	9	30.900
18	Citröen	359	8.500	27	8.500	29	6.900
19	Petronor	309	900	11	700	12	550
20	Unión Fenosa	303	5.800	17	7.200	76	3.400
	Total	13.861	426.450		336.400		309.850

Fuente: Elaboración propia a partir de diferentes *rankings* de empresas y Eduardo Bueno, *La empresa española: estructura y resultados*. IEE, 1987. *Anuario El País, 1996 y 1986*. Fomento de la Producción, 1976.

Una proporción más alta de producción que de empleo indica que estamos ante empresas especialmente productivas, que obtienen altos rendimientos por persona ocupada. Para mantenerse en esas altas rentabilidades que garanticen su competitividad internacional y, por tanto, su supervivencia a medio y largo plazo, tienen que ajustar permanentemente su volumen de empleo. Si mantienen niveles de actividad, las ganancias de productividad obligan a reducir consecutivamente plantilla. Para mantener o ampliar plantilla hay que ser un grupo agresivo que ponga en marcha nuevas actividades.

Las pérdidas actuales de Renfe, Iberia o Seat parecen indicar posibles reajustes pendientes de plantilla, aunque en la primera de estas empresas ya se hayan reducido unos 25.000 puestos de trabajo en los últimos diez años. Mientras, otras muchas de nuestras principales empresas han sido capaces de crear empleo y además generar beneficios, mostrando una capacidad de adaptación y gestión de nuevas actividades o nuevos mercados. En cualquier caso, parece comprobarse que las grandes empresas no pueden ser las principales generadoras de empleo, excepto en los casos de nueva implantación.

Para España, la localización de Ford o General Motors ha supuesto la existencia de cerca de 20.000 nuevos puestos de trabajo. Pero las grandes empresas en su conjunto y durante estos últimos diez años apenas han creado 90.000 empleos entre todas ellas, y algunas (como las grandes superficies) tienen su contrapartida de pérdida de empleo en su competencia más directa.

Pero eso no les quita importancia, aunque matice las esperanzas sobre su capacidad de generar empleo. Recuerden uno de los consejos de un estratega de la economía internacional, Lester Thurow, referido al caso español y que ya hemos citado en páginas anteriores: promover la existencia de alguna que otra gran empresa española a escala mundial. Los empleos se generan, al final, abriendo nuevos mercados, desarrollando nuevas tecnologías, generando *joint venture,* provocando economías de producción en gran escala, liderando proyectos de integración y absorción de empresas a escala mundial, etc. Y en todo ello desempeñan un papel importante las grandes empresas.

Cronología económica europea en relación con España 1975-1996

1976

- Resolución del Parlamento Europeo que exige amnistía, libertades públicas y legalización de partidos políticos y sindicatos previas a toda negociación para que España se integre en la CEE (13-6-76).
- Inicio de negociaciones con la CEE en temas pesqueros, consecuencia de la extensión hasta 200 millas de jurisdicción de aguas comunitarias (15-11-76).

1977

- Nueva declaración del Parlamento Europeo, condicionando la entrada de España en la CEE a las garantías de un régimen verdaderamente democrático (22-4-77).
- Se aprueba por el Congreso de los Diputados la solicitud de ingreso de España en la CEE (28-7-77).
- España ingresa en el Consejo de Europa (24-11-77).

1978

- Entra en vigor un primer acuerdo pesquero con la CEE (1-10-78).
- Los países de la CEE (excepto Reino Unido) acuerdan que sus monedas entren en el Sistema Monetario Europeo, SME (1-12-78).

1979

- Solicitud oficial de adhesión de España a la CEE (1-2-79).
- Convenio textil entre la CEE y España (20-2-79).
- Entra en funcionamiento el Sistema Monetario Europeo (13-3-79).

- Segunda ampliación de la CEE para incluir a Grecia y pasar a 10 miembros (28-5-79).
- Reunión de la OPEP en la que se aprueba un alza de precios del petróleo de un 70 por 100 respecto a los precios medios en 1978. Ya se habían venido observando aumentos sensibles de precios desde la instauración del nuevo régimen iraní en enero de 1979 (28-6-79)
- Negociaciones para la adhesión de España a la CEE: primera ronda (26-10-79).

1980

- Nuevo acuerdo CEE-España sobre reducción de licencias de pesca (13-2-80).
- Continúan las negociaciones para la integración española en la CEE. Agricultura y libre circulación de trabajadores parecen los temas con mayor desacuerdo (16-3-80).

1981

- España debe introducir el impuesto sobre el valor añadido (IVA) antes de iniciar negociaciones formales sobre la unión aduanera (13-7-81).
- Solicitud de ingreso de España en la OTAN (2-12-81).

1982

- Continúan las negociaciones España-CEE: acuerdo inicial en 6 de los 16 capítulos (8-3-82).
- España entra en la OTAN (30-5-82).

1983

- Entrevista Felipe González-François Mitterrand para desbloquear el «parón francés» al ingreso de España en la CEE (20-12-83).
- Cumbre de Stuttgart en que el canciller Kohl condiciona la aprobación de nuevos recursos financieros y la reforma de la PAC a la ampliación de la Comunidad (6-83).

1984

- Continúan, con dificultades, las negociaciones España-CEE y se baraja la posibilidad, finalmente desechada, de avanzar previamente sólo con Portugal (18-9-84).

1985

- Se concluye el acuerdo definitivo para la integración de España en la CEE, tras cinco años y medio de negociaciones intermitentes (28-3-85).

- Se firma en Madrid el Tratado de Adhesión de España a la CEE (12-6-85).
- Se aprueba la ley de implantación del IVA que entrará en vigor a principios de 1986 (2-8-85).

1986

- Entran en vigor la adhesión de España y Portugal a la Comunidad Europea y el IVA (1-1-86).
- Referéndum favorable a la permanencia en la OTAN (12-3-86).
- Se firma en Luxemburgo el Acta Única Europea, en donde ya se alude a un futuro establecimiento de una Unión Europea más completa (17-2-86).

1987

- La Comunidad Europea de 12 países (CE-12), ya con España y Portugal, conmemora el 30 aniversario de la firma del Tratado de Roma, constitutivo de la Comunidad Económica Europea inicial de 6 países (CEE-6). En 1972 se había pasado de 6 a 9 miembros (Reino Unido, Dinamarca e Irlanda). En 1979 se amplió ya a 10 (Grecia) (25-3-87).

1988

- El Consejo de Ministros de la CE designa a Madrid capital cultural de Europa 1992, coincidiendo con la Expo de Sevilla y los Juegos Olímpicos de Barcelona (27-5-88).
- Se suprime en España el sellado de pasaportes a los ciudadanos de la CE (8-6-88).
- Cumbre europea de Hannover: los Doce empiezan a considerar la unión monetaria (27-6-88).

1989

- España asume por turno rotatorio la presidencia de la CE para el primer semestre del año (1-1-89).
- Entrada de nuestro país en el SME con una banda de fluctuación admitida del 6 por ciento (19-6-89).
- Cumbre europea de Madrid: se presenta el informe Delors sobre la Unión Monetaria y se acuerda iniciar la primera fase el 1 de julio de 1990 (27-6-89).

1990

- Se anuncia la entrada de España en el Grupo de Shengen, de los países con libertad de circulación de personas (3-11-90).
- Suecia solicita su adhesión a la CE (12-12-90).

- Cumbre europea de Roma: se confirma el inicio irreversible de la unión política, económica y monetaria, aunque la última fase de entrada en vigor de la moneda única se retrasa hasta 1997 ó 1999 (15-12-90).

1992

- Se inicia el año de capitalidad europea de la cultura para Madrid, coincidiendo con la Exposición Universal de Sevilla y los Juegos Olímpicos de Barcelona (1-1-92).
- Cumbre europea de Maastricht: firma del Tratado que establece criterios de convergencia y calendario inicial (7-2-92).
- España propone la creación del Fondo de Cohesión Económica y Social para ayudar a financiar los equipamientos públicos y la mejora del medio ambiente en los países con renta per cápita inferior al 90 por 100 del promedio comunitario (10-3-92).
- Se presenta ante la Comisión mixta Congreso-Senado el Programa de Convergencia con la Comunidad Europea 1992-1996 (7-4-92).
- El Parlamento Europeo aprueba el Tratado de Maastricht (8-4-92).
- La CE y la EFTA acuerdan la creación del Espacio Económico Europeo (3-5-92).
- Se suprime el primer paso fronterizo franco-español en desarrollo de los acuerdos sobre libre circulación de personas entre países del Grupo de Shengen (17-5-92).
- Referéndum con resultado negativo en Dinamarca sobre la ratificación del Tratado de Maastricht (2-6-92).
- La libra esterlina y la lira se retiran del SME, mientras la peseta se devalúa un 5 por 100 (17-9-92).
- Cumbre europea de Edimburgo: se bloquean los fondos de cohesión y se abre una vía para un nuevo referéndum en Dinamarca (12-12-92).

1993

- Entra oficialmente en vigor el Mercado Único Europeo o Unión Europea (UE) (1-1-93).
- Dinamarca aprueba en referéndum el Tratado de la Unión Europea (18-5-93).
- Tras las fuertes tensiones observadas en los mercados de cambio, el Comité Monetario de la Unión Europea (UE) acuerda ampliar la banda de fluctuación al 15 por 100 (2-8-93).
- El Tratado de Maastricht entra en pleno vigor (1-11-93).

1994

- Creación del Instituto Monetario Europeo, con lo que se inicia la fase II de la Unión Monetaria Europea (UME) (1-1-94).
- Acuerdo de la UE con Suecia, Finlandia y Austria para la ampliación de 12 a 15 miembros (2-3-94).
- El Gobierno aprueba la Actualización del Programa de Convergencia 1994-1997 (14-7-94).
- Cumbre europea de Essen: recomendaciones para la moderación salarial (12-12-94).

1995

- Entra en funcionamiento la Organización Mundial de Comercio en sustitución del GATT (1-1-95).
- Se hace público el plan Juppé de ajuste para reducir el déficit público en Francia (22-6-95).
- España inicia su segunda presidencia comunitaria rotativa (1-7-95).
- Se inician movimientos populares de rechazo al plan Juppé en Francia (1-12-95).
- Cumbre europea de Madrid, donde se aprueba el calendario definitivo hacia la moneda única: Principios de 1998: la «criba» de países que pasan a la tercera fase; 1-1-99: tipos de cambio irrevocables pero con circulación de billetes nacionales; 1-1-2002: comienzan a circular los nuevos billetes y las operaciones de las Administraciones Públicas se realizan en euros; 1-7-2002: sustitución de monedas nacionales por euros (15-12-95).
- La Comisión Europea considera una propuesta para establecer mecanismos de sanción, de pérdida de parte de los fondos asignados a los países de cohesión (España, Portugal y Grecia) que incumplan los objetivos de déficit establecidos en sus programas de convergencia (20-12-95).

1996

- La Unión Europea debate su reforma para permitir su ampliación a los países del este y la adaptación de criterios para caminar hacia la Europa de los Treinta (28-3-96).
- La cumbre de Florencia de la UE entierra prácticamente el Plan de Empleo de Jacques Santer (22-6-96).
- Los Quince acuerdan el que se califica como presupuesto más austero de la historia de la UE (25-7-96).
- La cumbre de Dublín confirma el calendario de Maastricht (5-10-96).
- Los Quince debaten en Dublín el Pacto de Estabilidad y los plazos para el euro (12-12-96).

Cronología económica española y sus principales condicionantes políticos 1975-1996

1975

- Segundo Gobierno de Arias Navarro (11-3-75).
- Decreto-Ley Cabello de Alba, ministro de Hacienda, de medidas para combatir la crisis económica (7-4-75).
- Se crea la Plataforma de Convergencia Democrática, PCD, encabezada por el PSOE, como alternativa a la Junta Democrática de España, JDE, constituida en junio de 1974 y liderada por el PCE (18-6-75).
- Fusilados tres militantes del FRAP, un mes después del fusilamiento de otros dos militantes de ETA (27-9-75).
- Juan Carlos de Borbón, príncipe de España desde 1969, asume funciones de Jefe de Estado por la enfermedad del general Franco (30-10-75).
- Muerte de Franco y proclamación de Juan Carlos I como Rey de España (20-11-75).
- Tercer Gobierno de Arias Navarro (12-12-75).
- Se suprime el Ministerio de Planificación del Desarrollo. El IV Plan Indicativo 1976-79 no llega a entrar en vigor (26-12-75).

1976

- Devaluación Villar Mir (ministro de Economía y Hacienda) de un 6 por 100 de la peseta respecto al dólar, pasando de 60 a 66,70 ptas./$ (9-2-76).
- Proyecto (no puesto en marcha) de paquete de medidas económicas de Villar Mir para abordar la crisis económica (7-3-76).
- Resolución del Parlamento Europeo que exige amnistía, libertades públicas y legalización de partidos políticos y sindicatos previas a toda negociación para que España se integre en la CEE (13-6-76).

- Primer Gobierno de Adolfo Suárez (7-7-76).
- Paquete de medidas económicas de Carriles Galarraga, ministro de Hacienda (24-8-76).
- Inicio de negociaciones con la CEE en temas pesqueros, consecuencia de la extensión hasta 200 millas de jurisdicción de aguas comunitarias (15-11-76).
- Las Cortes Españolas aprueban la Reforma Política promovida por Suárez en lo que se califica como un haraquiri político (18-11-76).

1977

- Nuevo paquete con 41 medidas inmediatas de Carriles contra la crisis económica (22-2-77).
- Decreto legalizador del derecho de huelga (4-3-77).
- Ley reguladora del derecho de asociación sindical (1-4-77).
- Legalización del PCE (9-4-77).
- Nueva declaración del Parlamento Europeo condicionando la entrada de España en la CEE a las garantías de un régimen verdaderamente democrático (22-4-77).
- Primeras elecciones generales democráticas con mayoría relativa de la UCD (15-6-77).
- Se crea la Confederación Española de Organizaciones Empresariales (CEOE) por fusión de diversas agrupaciones empresariales (29-6-77).
- Segundo Gobierno Suárez (4-7-77).
- Devaluación Fuentes Quintana de la peseta en un 19,7 por 100, pasando de 70,09 a 87,33 ptas./$ (12-7-77).
- Programa de Urgencia Económica con reforma fiscal y aumento salarial (17 por 100) por debajo de la inflación prevista (23 por 100) (24-7-77).
- Se aprueba por el Congreso de los Diputados la solicitud de ingreso de España en la CEE (28-7-77).
- Firma de los Pactos de La Moncloa, que se han ido gestando a lo largo de ese mes de octubre y que afectan a política presupuestaria y monetaria, precios, salarios, empleo y reformas estructurales de la economía (25-10-77).
- Se crea el Fondo de Garantía de Depósitos en Cajas de Ahorro y Establecimientos Bancarios (11-11-77).
- España ingresa en el Consejo de Europa (24-11-77).

1978

- Dimisión de Fuentes Quintana y reestructuración del Gobierno en el Tercero de Suárez (24-2-78).
- Huelga unitaria en cinco sectores que afecta a unos 600.000 trabajadores por la negociación de convenios colectivos (18-5-78).

- Entra en vigor un primer acuerdo pesquero con la CEE (1-10-78).
- Se aprueba por referéndum la nueva Constitución (6-12-78).

1979

- Solicitud oficial de adhesión de España a la CEE (1-2-79).
- Convenio textil entre la CEE y España (20-2-79).
- Primeras elecciones generales con la nueva Constitución y nueva mayoría relativa de UCD (1-3-79).
- Cuarto Gobierno Suárez (5-4-79).
- Nuevas orientaciones económicas de Abril Martorell con crecimiento al 2,5 por 100 e inflación entre el 12 y el 14 por 100 (14-8-79).
- Programa Económico del Gobierno, PEG, presentado por Abril Martorell (11-9-79).
- Negociaciones para la adhesión de España a la CEE: primera ronda (26-10-79).

1980

- Firma del primer Acuerdo Marco Interconfederal CEOE-UGT sobre banda de negociación salarial (13 por 100 para 1980; 11 a 15 por 100 para 1981). CCOO no participa (5-1-80).
- Nuevo acuerdo CEE-España sobre reducción de licencias de pesca (13-2-80).
- Aprobación por el pleno del Congreso del Estatuto de los Trabajadores (26-2-80).
- Acuerdo para la integración de la CEPYME (Confederación Española de Pequeñas y Medianas Empresas) en la CEOE (5-3-80).
- Continúan las negociaciones para la integración española en la CEE. Agricultura y libre circulación de trabajadores parecen los temas con mayor desacuerdo (16-3-80).
- Se amplía el Fondo de Garantía de Depósitos y se le dota de personalidad jurídica (28-3-80).
- Quinto Gobierno Suárez (2-5-80).
- Moción de censura a Suárez del PSOE, que propone a Felipe González como presidente del Gobierno y que se supera días después con 166 votos en contra y 152 a favor (21 y 30-5-80).
- Ley 30/1980 por la que se regulan los órganos rectores del Banco de España (1-6-80).
- Sexto Gobierno Suárez (8-7-80).

1981

- Dimisión de Adolfo Suárez y propuesta de Leopoldo Calvo Sotelo como candidato a la Presidencia de Gobierno (30-1-81).

- Sucesos del 23-F con el intento fallido de golpe de estado (23-2-81).
- Primer Gobierno Calvo Sotelo (26-2-81).
- Firma del Acuerdo Nacional para el Empleo (ANE) entre el Gobierno, CEOE, UGT y CCOO, con una banda del 9 al 11 por 100 de incremento salarial. Decreto-Ley de Reconversión Industrial (5-6-81).
- España debe introducir el impuesto sobre el valor añadido (IVA) antes de iniciar negociaciones formales sobre la unión aduanera (13-7-81).
- El Gobierno Calvo Sotelo pacta con el PSOE los proyectos de Ley Orgánica Armonizadora del Proceso Autonómico (LOAPA) y la Ley del Fondo de Compensación Territorial (31-7-81).
- Segundo Gobierno Calvo Sotelo (1-12-81).
- Solicitud de ingreso de España en la OTAN (2-12-81).

1982

- Continúan las negociaciones España-CEE: acuerdo inicial en 6 de los 16 capítulos (8-3-82).
- Se crea el Instituto de Fomento de la Exportación (INFE), posterior Instituto de Comercio Exterior (ICEX) (2-4-82).
- Se crea el Tribunal de Cuentas (12-5-82).
- España entra en la OTAN (30-5-82).
- Ley de Reconversión Industrial (9-6-82).
- Ley del Patrimonio Nacional (16-6-82).
- Las Cortes aprueban la LOAPA (30-7-82).
- Convocatoria de elecciones generales para el 28 de octubre (28-8-82).
- El PSOE obtiene la mayoría absoluta en las elecciones generales (28-10-82).
- Primer Gobierno de Felipe González (3-12-82).
- Devaluación Boyer de la peseta en un 7,6 por 100, pasando de 117,59 a 127,24 ptas./$ (6-12-82).

1983

- Acuerdo Marco Interconfederal para 1983 (AMI-2) entre CEOE, UGT y CCOO, con una banda salarial del 9 al 11 por 100 (15-2-83).
- Decreto-Ley de expropiación del grupo Rumasa (23-2-83).
- Libro Blanco de la Reindustrialización, presentado por Solchaga como programa-marco de reconversión industrial (9-6-83).
- Aprobación del Programa Económico a Medio Plazo (9-83).
- Entrevista Felipe González-François Mitterrand para desbloquear el «parón francés» al ingreso de España en la CEE (20-12-83).

1984

- Se crean los Fondos de Promoción del Empleo (FPE) y las zonas de Urgente Reindustrialización (ZUR) (8-2-84).
- Decreto regulador del Plan de Empleo Rural (PER) (29-2-84).
- Aprobación del nuevo Plan Energético Nacional (PEN) 1983-1992 (28-6-84).
- Continúan, con dificultades, las negociaciones España-CEE y se baraja la posibilidad, finalmente desechada, de avanzar previamente sólo con Portugal (18-9-84).
- Acuerdo Económico y Social (AES) entre Gobierno, CEOE y UGT, con una banda de incremento salarial del 5,5 al 7,5 por 100 para 1985 y del 5,4 al 6,4 por 100 para 1986 (9-10-84).

1985

- Se concluye el acuerdo definitivo para la integración de España en la CEE, tras cinco años y medio de negociaciones intermitentes (28-3-85).
- Se firma en Madrid el Tratado de Adhesión de España a la CEE (12-6-85).
- Huelga general (aunque de repercusión limitada) convocada por CCOO contra la reforma de pensiones (20-6-85).
- Segundo Gobierno González (5-7-85).
- Ley de medidas urgentes para la racionalización de la Seguridad Social y modificación del sistema de fijación de pensiones (31-7-85).
- Con los Presupuestos Generales del Estado para 1986 se presenta un nuevo Plan Económico a Medio Plazo (9-85).

1986

- Entran en vigor la adhesión de España y Portugal a la Comunidad Europea y el IVA (1-1-86).
- Referéndum favorable a la permanencia en la OTAN (12-3-86).
- Tercer Gobierno González (25-7-86).

1987

- Segundo Plan de Reconversión Industrial: según cálculos, supondrá la pérdida de empleo de 30.000 trabajadores y afectará especialmente a la siderurgia (14-1-87).
- El Plan de Empleo Rural (PER) y el Régimen de Ayuda Especial Agrario aseguran que los trabajadores agrarios que coticen al menos durante 20 jornadas tendrán derecho a 100 días de seguro de desempleo (31-1-87).
- Lunes negro en la bolsa de Nueva York con repercusión en distintos mercados bursátiles y entre ellos los españoles (19-10-87).

1988

- El Consejo de Ministros de la CE designa a Madrid capital cultural de Europa 1992, coincidiendo con la Expo de Sevilla y los Juegos Olímpicos de Barcelona (27-5-88).
- Se suprime en España el sellado de pasaportes a los ciudadanos de la CE (8-6-88).
- Cuarto Gobierno González (12-7-88).
- Huelga general convocada conjuntamente por CCOO y UGT en protesta por la política social del Gobierno (14-12-88).

1989

- España asume por turno rotatorio la presidencia de la CE para el primer semestre del año (1-1-89).
- Entrada de nuestro país en el SME con una banda de fluctuación admitida del 6 por ciento y una cotización central de 65 ptas./marco (19-6-89).
- Cumbre europea de Madrid: se presenta el informe Delors sobre la Unión Monetaria y se acuerda iniciar la primera fase el 1 de julio de 1990 (27-6-89).
- Ley de Defensa de la Competencia (17-7-89).

1990

- Quinto Gobierno González (27-3-90).
- Se presenta el avance de los Escenarios Macroeconómicos Presupuestarios, 1990-1993, EMP (5-90).
- Se inicia la Guerra del Golfo con la invasión, por parte de Irak, de Kuwait (2-8-90).
- Se anuncia la entrada de España en el Grupo de Shengen, de los países con libertad de circulación de personas (3-11-90).
- Cumbre europea de Roma: se confirma el inicio irreversible de la unión política, económica y monetaria, aunque la última fase de entrada en vigor de la moneda única se retrasa hasta 1997 ó 1999 (15-12-90).

1991

- Ley sobre la competencia desleal (10-1-91).
- Sexto Gobierno González (11-3-91).
- Ley de creación del Consejo Económico y Social (17-6-91).
- Se aprueban las Perspectivas de la Economía Española a Medio Plazo 1991-1996, PMP (7-91).
- Informe Abril sobre Seguridad Social y Sanidad (4-9-91).

1992

- Se inicia el año de capitalidad europea de la cultura para Madrid, coincidiendo con la Exposición Universal de Sevilla y los Juegos Olímpicos de Barcelona. Aumento del tipo medio del IVA del 12 al 13 por 100 (1-1-92).
- Entrada en vigor de la libre circulación de capitales con respecto a nuestro país (1-2-92).
- Cumbre europea de Maastricht: firma del Tratado que establece criterios de convergencia y calendario inicial (7-2-92).
- Se inicia el «caso Ibercorp», en donde parece implicado el gobernador del Banco de España, Mariano Rubio (12-2-92).
- España propone la creación del Fondo de Cohesión Económica y Social para ayudar a financiar los equipamientos públicos y la mejora del medio ambiente en los países con renta per cápita inferior al 90 por 100 del promedio comunitario (10-3-92).
- El Gobierno recorta la cuantía y duración de las prestaciones por desempleo dentro de un plan de medidas urgentes de fomento de empleo y protección del desempleo («el decretazo») (4-4-92).
- Se presenta ante la Comisión mixta Congreso-Senado el Programa de Convergencia con la Comunidad Europea 1992-1996 (7-4-92).
- Se suprime el primer paso fronterizo franco-español en desarrollo de los acuerdos sobre libre circulación de personas entre países del Grupo de Shengen (17-5-92).
- Segunda huelga general convocada por CCOO y UGT (28-5-92).
- Séptimo Gobierno González (23-6-93).
- Medidas presupuestarias urgentes para contener el déficit público: incremento del tipo medio del IVA (del 13 al 15 por 100), aumento de retenciones, recorte del gasto público... (21-7-92).
- La libra esterlina y la lira abandonan el SME, mientras que la peseta se devalúa un 5 por 100 (17-9-92).
- Segunda devaluación de la peseta dentro del SME, en un 6 por 100 (23-11-92).

1993

- Entra oficialmente en vigor el Mercado Único Europeo o Unión Europea (UE) (1-1-93).
- Paquete de medidas tributarias, financieras, presupuestarias y laborales para favorecer la inversión y el empleo (3-3-93).
- Tercera devaluación de la peseta dentro del SME, en un 8 por 100, pasando de 72,79 a 79,11 ptas./marco (14-5-93).
- Elecciones generales en las que el PSOE obtiene su cuarta victoria consecutiva desde 1982, aunque ahora por mayoría sólo relativa (6-6-93).

- Octavo Gobierno González (14-7-93).
- Tras las fuertes tensiones observadas en los mercados de cambio, el Comité Monetario de la Unión Europea (UE) acuerda ampliar la banda de fluctuación al 15 por 100 (2-8-93).
- Dimite el secretario general de UGT, Nicolás Redondo, por el escándalo de la cooperativa de viviendas PSV (7-10-93).
- El Tratado de Maastricht entra en pleno vigor (1-11-93).
- El Gobierno aprueba la Reforma Laboral (4-12-93).
- El Banco de España interviene Banesto (28-12-93).

1994

- Creación del Instituto Monetario Europeo, con lo que se inicia la fase II de la Unión Monetaria Europea (UME). Se prohíbe la financiación del sector público por parte del Banco de España. Ley de medidas de estímulo fiscal, función pública y de desempleo (1-1-94).
- Huelga general convocada contra la Reforma Laboral (27-1-94).
- Clima de fuerte inestabilidad en los mercados de capitales, con acusado retroceso de las cotizaciones bursátiles y niveles mínimos en los precios de la deuda (2-3-94).
- Ley 13/1994 de Autonomía del Banco de España, que traspone a nuestra legislación las exigencias derivadas del Tratado de la Unión Europea y regula su régimen jurídico, gestión y organización (1-6-94).
- El Gobierno aprueba la Actualización del Programa de Convergencia 1994-1997 (14-7-94).
- Cumbre europea de Essen: recomendaciones para la moderación salarial (12-12-94).
- Fuerte depreciación del peso mexicano y caída de la bolsa de este país hasta casi un 50 por 100. Se inicia «el tequilazo», por contagio, en diversos países latinoamericanos. Cae el dólar frente al marco y el yen. Los efectos llegan hasta España al unirse «a la inestabilidad política interna», y la peseta marca mínimos históricos respecto al marco (20-12-94).

1995

- Aumento del tipo de IVA del 15 al 16 por 100 para el tipo normal y disminución en un punto de las cotizaciones sociales (1-1-95).
- El Gobierno acuerda un recorte del gasto público aprobado en los presupuestos para el año (13-1-95).
- Nueva devaluación de la peseta dentro del SME en un 7 por 100, pasando de 79,11 a 85,07 el cambio central ptas./marco (5-3-95).
- Se inicia el «conflicto del fletán negro» con Canadá (10-3-95).

- El Congreso aprueba el Pacto de Toledo entre todos los partidos sobre el régimen de pensiones (6-4-95).
- España inicia su segunda presidencia comunitaria rotativa (1-7-95).
- El Congreso de los Diputados rechaza el proyecto de Presupuestos Generales del Estado para 1996 (25-10-95).
- Cumbre europea de Madrid donde se aprueba el calendario definitivo hacia la moneda única: Principios de 1998: la «criba» de países que pasan a la tercera fase; 1-1-99: tipos de cambio irrevocables pero con circulación de billetes nacionales; 1-1-2002: comienzan a circular los nuevos billetes y las operaciones de las Administraciones Públicas se realizan en euros. 1-7-2002: sustitución de monedas nacionales por euros (15-12-95).
- La Comisión Europea considera una propuesta para establecer mecanismos de sanción, de pérdida de parte de los fondos asignados a los países de cohesión (España, Portugal y Grecia) que incumplan los objetivos de déficit establecidos en sus programas de convergencia (20-12-95).
- Real Decreto-Ley 12/1995 sobre medidas urgentes en materia presupuestaria, tributaria y financiera (28-12-95).

1996

- El Partido Popular obtiene mayoría en las elecciones legislativas, pero insuficiente para gobernar en solitario (3-3-96).
- Aznar es investido en el Congreso como cuarto presidente de la democracia, tras el acuerdo de gobernabilidad con CIU, PNV y Coalición Canaria (4-5-96).
- Gobierno, sindicatos y patronal firman su primer pacto, que ayudará a reducir la conflictividad laboral (18-7-96).
- El Gobierno anuncia la congelación de salarios de altos cargos, funcionarios y empresas públicas para 1997 (25-7-96).
- El Gobierno presenta al Congreso un desfase presupuestario adicional de 721.000 millones de pesetas, que considera imputable al ejercicio de 1995 (4-9-96).
- Los sindicatos inician movilizaciones contra el Gobierno por la congelación salarial de funcionarios (18-9-96).
- Se presenta el proyecto de Presupuestos para 1997 con el objetivo de cumplir el requisito de Maastricht de no superar el déficit del total de las Administraciones Públicas el 3 por 100 del PIB (2-10-96).
- El año se cierra con una nueva caída de los tipos de interés. El tipo básico del Banco de España se establece en el 6,25 por 100 cuando un año antes estaba tres puntos por encima (14-12-96).